HEYNE
BÜCHER

Stichwort

Information-Highway

Sissi Pitzer

Originalausgabe

WILHELM HEYNE VERLAG
MÜNCHEN

HEYNE SACHBUCH
Nr. 19/4078

FACHLEKTORAT:
Axel Kircher

REDAKTION:
Susanne Vieser

GRAFIKEN:
Ralph Jenette

KONZEPTION UND REALISATION:
Christine Proske
(Ariadne Buchproduktion)

Printed in Germany 1996
Umschlaggestaltung: Kaselow-Design
Herstellung: H + G Lidl, München
Satz: Satz & Repro Grieb, München
Druck und Verarbeitung: Pressedruck, Augsburg

ISBN 3-453-09138-8

Inhalt

I. Baustelle Information-Highway

Den Begriff *Multimedia* hat die Gesellschaft für deutsche Sprache 1995 zum Wort des Jahres erklärt. Auch die Schlagworte Information-Highway oder Datenautobahn gehören heute zum allgemeinen Sprachgebrauch. Sie sind allerdings erst vor kurzem entstanden: Im amerikanischen Wahlkampf 1993 prägte der heutige Vizepräsident Al Gore den Begriff »Information-Superhighway«, der jedem Amerikaner an jedem Ort zu jeder Zeit Zugang zu jeder Art von Information zu einem vernünftigen Preis gewährleisten soll. Der damalige Präsidentschaftskandidat Bill Clinton erhob den Ausbau der »Nationalen Informations-Infrastruktur« zu einem Kernstück seines Regierungsprogramms. Er sollte die Entwicklung zur modernen Informationsgesellschaft vorantreiben. Wie die Verkehrsverbindungen, die im 19. und 20. Jahrhundert die Industriegesellschaften entstehen ließen, soll die »Data-Highway« den Start ins 21. Jahrhundert, in die Informationsgesellschaft ermöglichen. Alle Industrienationen haben die Förderung der Medien- und Informationsgesellschaft inzwischen zu einem vordringlichen Anliegen gemacht.

Multimedia

Multimedia bezeichnet das Zusammenwachsen der bisher getrennten Bereiche Computertechnik, Telekommunikation, Unterhaltungselektronik und Medienindustrie. Multimedia-Anwendungen integrieren Text, Bild, Ton (Sprache und Musik), Video und Daten. Multimedia gilt als ein Wachstumsmarkt der Zukunft, der alle Lebens- und Arbeitsbereiche beeinflussen wird.

Das Fernziel: Alles, was in Bibliotheken und Archiven gesammelt ist, was in Medien und Verlagen produziert wird, was der einzelne erforscht und sich ausdenkt, soll Interessenten weltweit zugänglich gemacht werden. Dazu müssen riesige Datenströme fließen können.

Eine technische Voraussetzung dafür ist schon geschaffen worden. Daten – das können Computerprogramme sein, Texte, Fotos und Grafiken, aber auch Film- oder Videosequenzen oder Musikstücke – werden heute *digitalisiert*. Während diese Technik im Computerbereich schon eingesetzt wird, müssen andere Übertragungsformen wie Telefon, Fernsehen, Radio überwiegend noch von analog auf digital umgestellt werden.

Digitaltechnik

In der Analogtechnik werden die Signale entsprechend ihrer Darstellung (Bild, Ton oder Zeichen) übertragen sowie in ihrer zeitlichen Abfolge, das heißt komplett von Anfang bis Ende. Digitalisiert können sie dagegen unabhängig von ihrer Quelle und losgelöst von der zeitlichen Abfolge übertragen werden. Dabei entstehen Pakete aus einer festgelegten Informationsmenge. Der eigentlichen Information geht ein Signal voraus, welches die Form der Daten oder Signale beschreibt.
Anders als bei der analogen Übertragung unterscheidet die Übertragungsleitung beim digitalen Transport nicht mehr, ob sie einen Film, ein Fax oder ein Telefongespräch überträgt. Dabei können unterschiedliche Signale gemischt werden. Beim Empfang werden zeitversetzt übertragene Informationen wieder zu einem Ganzen zusammengesetzt. Auf diese Weise wird gewährleistet, daß die Leitungen stets optimal ausgenutzt werden.

Bit/Byte

Die kleinste digitale Informationseinheit ist ein Bit, das im Binärsystem nur mehr durch zwei Zeichen dargestellt wird (0 oder 1). Um auch komplexere Zeichen wie Buchstaben darstellen zu können, werden 8 Bit zu einer Informationseinheit zusammmengefaßt. Diese heißt 1 Byte. Bei der Versendung von Zeichen durch Datenleitungen wird die Menge an übertragener Information in Bit pro Sekunde (bit/sec) gemessen, das ist die Menge von Bit, die in einer Sekunde durch eine Leitung wandert.

1 Kilobit = 1.024 bit

Digitalisierte Signale müssen komprimiert werden, um die entstehende, immense Datenmenge zu verkleinern. Ein Beispiel: Für ein Fernsehprogramm müssen dann nicht mehr rund 270 Megabit in der Sekunde, sondern gerade noch zwischen zwei und acht Megabit übertragen werden.

Damit die *Bits* fließen und Informationen ausgetauscht werden können, müssen eigene Datenkanäle bereitstehen und daraus weltumspannende Datennetze geknüpft werden. Dafür werden aber nicht überall neue Leitungen verlegt. Vorhandene Telefonnetze und Übertragungsstrecken für Computerdaten, aber auch TV-Kabelnetze, Funkverbindungen, Mobilfunknetze oder Satellitenkanäle transportieren heute schon Informationen in Form von Text, Bild oder akustischen Signalen.

Um Informationen schneller von einem Nutzer zum anderen zu bringen, sollen vor allem mehr hochleistungsfähige Glasfaserstrecken gebaut werden. Diese Technologie ermöglicht eine vollwertige Kommunikation in beide Richtungen bei extrem hoher Übertragungskapazität. Sie wird bereits für Fernstrecken eingesetzt, ist allerdings heute noch zu teuer, um jede Abzweigung von der Daten-Autobahn damit auszustatten. Glasfaseranschlüsse gibt es in Deutschland vor allem in den neuen Bundesländern, wo seit 1990 völlig neue Netze installiert wurden. Insgesamt sind in Deutschland derzeit über 100.000 Kilometer Glasfaserkabel verlegt. Hochleistungsnetze mit einer Leistungsfähigkeit von 2,5 Gigabit pro Sekunde verbinden die deutschen Wirtschaftszentren. Die Universitäten werden gerade an das sehr leistungsstarke Deutsche Forschungs-Netz (DFN) angeschlossen. Eigene Satellitensysteme sollen ebenfalls die weltumspannende Kommunikation erleichtern.

Bisher besitzt in Deutschland die Telekom das Monopol auf alle Übertragungsnetze. Das ändert sich spätestens 1998, wenn in der Europäischen Union (EU) endgültig die Übertragungsmonopole fallen. Dann werden auch Privat-Unternehmen Datenleitungen anbieten. In Deutschland stehen vor allem die großen Energieversorgungsunternehmen VEBA, VIAG und RWE in den Startlöchern, die entlang ihrer Stromleitungen auch Datenwege geschaffen, diese aber bisher nur für die firmeninterne Kommunikation genutzt haben. Auch die Bundesbahn hat entlang ihrer Gleise Kommunikationsleitungen verlegt.

Stromversorger, Bahn oder Industriekonzerne sind gerade dabei, untereinander und mit ausländischen Netzbetreibern strategische Allianzen zu schließen. Rund 20 Milliarden D-Mark wollen die Newcomer in den kommenden zehn Jahren investieren, um der Telekom möglichst viele Kunden abzujagen. Im Visier haben sie dabei vor allem die großen Geschäftskunden und die mit wenig Aufwand zu versorgenden Ballungsgebiete. Erste interne Kommunikationsnetze für große Firmen und Banken, sogenannte Corporate Networks, werden seit 1993 bereits unabhängig von der Telekom betrieben. Anfang 1996 erhielt die Vebacom, Tochter des VEBA-Konzerns, die Erlaubnis, ARD-Studios und -Archive mit einem eigenen Glasfasernetz zu verbinden. In dem Projekt »Infocity NRW« sollen mehrere Großstädte Nordrhein-Westfalens mit einem Glasfaserring verbunden werden, über den daraufhin die unterschiedlichsten Dienstleistungen übertragen werden können.

Aber auch Privatkunden sollen künftig von der Konkurrenz auf dem Telekommunikationsmarkt profitieren, beispielsweise durch die Wahl zwischen unterschiedlichen Tarifen oder besseren Serviceleistungen. Vor allem aber erhoffen sich viele sinkende Kosten – eine Voraussetzung, damit die Datenautobahn stärker genutzt wird. Durch den Ausbau der Datennetze sollen sich auch die Übertragungszeiten verkürzen. Nachdem sich immer mehr Menschen über ihren Computer im Netz bewegen, entstehen regelmäßige Übertragungsstaus auf der Information-Highway.

II. Auffahrt Online-Dienste

Ein neues Massenmedium ist im Entstehen: Online-Dienste können nach Experteneinschätzung in einigen Jahren so selbstverständlich sein wie das Telefon oder das Fernsehen. Sie basieren auf der Kombination von Computer und schmalbandigen Übertragungsmöglichkeiten, das sind die klassischen Telefonleitungen oder die verbesserte Version der *ISDN*-Leitungen.

Von jedem PC aus, der per *Modem* mit dem Telefonnetz verbunden ist und über eine spezielle Software verfügt, kann man sich in Online-Dienste einwählen. Sie bieten Informationen und Unterhaltung, vorwiegend in Form von Texten und Grafiken, zunehmend aber auch

ISDN

Das **I**ntegrated **S**ervices **D**igital **N**etwork ist ein digitales und damit leistungsfähigeres Telefonnetz mit einer Übertragungskapazität von 2 × 64 Kilobit/Sekunde (im Vergleich zum normalen Telefonnetz mit 28,8 Kilobit/Sekunde). Es integriert alle Telekommunikationsformen (Sprach-, Daten-, Text- und Bildübertragung) auf einer Leitung und kann größere Datenmengen mit höherer Geschwindigkeit übertragen. Es besteht die Möglichkeit, zwei Dienste gleichzeitig zu nutzen, das heißt mit einem Partner zu telefonieren und ihm während des Telefonats ein Fax zu senden oder vom PC Daten auf einen anderen Computer zu übertragen. In Deutschland können ISDN-Anschlüsse inzwischen überall eingerichtet werden. Ein ISDN-Anschluß muß extra beantragt werden und kostet mehr als die herkömmliche Telefonleitung.

Modem

Ein Modem (**Mo**dulator-**Dem**odulator) ist die Eintrittskarte in die Online-Welt. Es wird zwischen Telefonleitung und Computer geschaltet und wandelt die digitalen Signale des Computers – Daten oder Text – in analoge Signale um. Diese werden durch das Übertragungsnetz geschickt, beim Empfänger kehrt sich der Prozeß per Modem wieder um, so daß Text oder Daten lesbar werden. Die Übertragungsgeschwindigkeit ist abhängig von den Bits pro Sekunde (bps), die das Modem verarbeiten kann. Die weitverbreiteten 14.400 bps gelten inzwischen als zu langsam und veraltet, 28.800 bps entwickeln sich zum üblichen, zukunftssicheren Standard.

angereichert mit Tönen, Bildern und Videosequenzen. Um sie empfangen zu können, muß der PC eine Soundkarte und ausreichend große Speicherkapazitäten haben. Solche Multimedia-PCs sind auf dem Vormarsch; in den kommenden Jahren sollen die meisten neuverkauften PCs multimediafähig sein. Online-Dienste ermöglichen, anders als Hörfunk oder Fernsehen, die Kommunikation in alle Richtungen: Jeder Nutzer kann seinerseits Informationen ins Netz einspeisen und mit anderen Teilnehmern per Bildschirm kommunizieren.

Experten schätzen, daß es weltweit bereits 50 Millionen Nutzer von Online-Diensten gibt. Während sich in den USA über 25 Millionen Bürger regelmäßig online schalten, gilt Europa als Online-Entwicklungsland. In Deutschland hat die Zahl der Nutzer 1994 die Millionengrenze erreicht, 1995 soll sie auf zwei Millionen gewachsen sein und sich in den nächsten fünf Jahren auf bis zu 20 Millionen steigern. Diese optimistische Prognose wird vor allem von den Anbietern neuer Online-

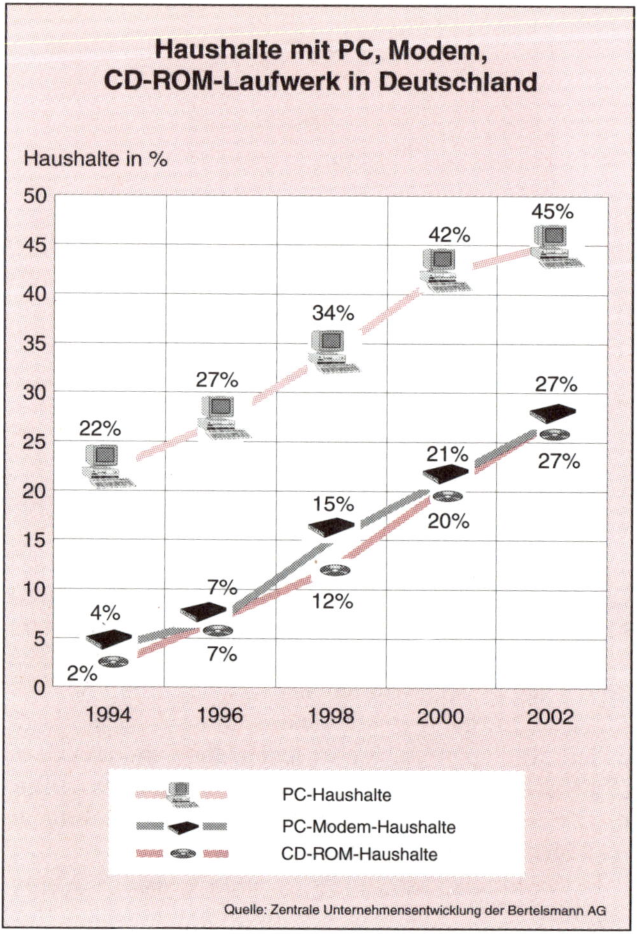

Dienste geschürt, die 1995 in Europa an den Start gegangen sind.

Der Markt für Online-Dienste ist in erster Linie abhängig von der Zahl der PC-Besitzer und der Anzahl der Modems. Mitte 1995 stand in 9,2 Millionen deutschen Haushalten ein Computer, über zwei Millionen verfügten über ein Modem. Jede Woche werden rund 30.000 neue Modems verkauft. Der Umsatz auf dem Computermarkt wird von Experten für das Jahr 2000 auf 1,5 Milliarden D-Mark in Deutschland geschätzt, weltweit sogar auf 14 Milliarden D-Mark.

Der aktuelle Trend im Online-Bereich geht zu den sogenannten Fernseh-Modems. Sie sollen es dem Nutzer ermöglichen, statt über den Computer auch über das Fernsehgerät Zugang zu den Angeboten von Internet und anderen, kommerziellen Online-Diensten zu erhalten. Kabelmodems, die die Medienindustrie in den USA bereits für 1996 angekündigt hat, können in Kombination mit entsprechend aufgerüsteten Breitband-Kabelnetzen einen ungleich schnelleren Zugang zur Online-Welt ermöglichen als Telefonmodems.

1. Internet

Das Internet ist das größte, nicht-kommerzielle Computernetzwerk der Welt. Es wächst mit atemberaubender Geschwindigkeit. »Internet-Surfen« hat sich zum neuen Sport entwickelt. Die Zahlenangaben über die Nutzer schwanken; derzeit schätzt man, daß weltweit etwa 40 Millionen Teilnehmer am Internet hängen und daß jeden Monat rund 150.000 weitere Nutzer hinzukommen. Das Internet, »Mutter aller Netze« genannt, wurde ursprünglich für militärische Zwecke geschaffen und verbindet heute ca. drei Millionen Großrechner, die vor allem in Universitäten, Forschungsinstituten, Bibliotheken, Archiven und Behörden stehen.

Wer seinen PC per Modem mit dem Telefonnetz verbindet, kann übers Internet rund um den Erdball Informationen suchen und abrufen. Dazu wendet man sich in der Regel an einen sogenannten *Provider*.

Dabei fallen unterschiedliche Kosten an: Zur monatlichen Grundgebühr kommen zusätzliche Gebühren, die

Service-Provider

Ein Provider ist ein Dienstleister, der Zugänge zum Datennetz bereithält. Dies sollte möglichst ein regionaler Einwählknoten sein, damit man sich zum Ortstarif ins internationale Datennetz schalten kann. Vom Provider erhält man auch eine Nummer oder einen Adreßcode, unter dem man selbst online erreichbar ist. Ebenso stellt er die notwendige Software zur Verfügung, die man zusätzlich zu PC und Modem benötigt, um sich im Netz zu bewegen. Es gibt Internet-Provider und eigene Einwählknoten für andere kommerzielle Online-Dienste wie AOL oder Compuserve.

sich entweder nach dem Zeittakt richten oder sich an der übertragenen Datenmenge orientieren, wenn Dokumente angeschaut oder auf den heimischen PC kopiert werden. Das Tarifsystem im Internet ist uneinheitlich und relativ undurchschaubar. Als Alternative zum Alleingang bieten alle kommerziellen Online-Anbieter einen Zugang zum Internet, die Nutzung einer bestimmten Stundenzahl im Monat gehört in der Regel zum Standard-Angebot. Da das Internet vor allem der Ausbildung und dem Informationsaustausch dienen soll, fallen für die Nutzung vieler Datenbanken auch bei weltweiter Datenwanderung keine zusätzlichen Kosten an.

Jeder Teilnehmer erhält eine eigene Internet-Adresse und kann somit von jedem anderen via Computer direkt angesprochen werden. Die Kontaktaufnahme ist unabhängig vom Computer-Standard, den Systemen oder Plattformen, die der einzelne Nutzer verwendet. Das Netz ist dadurch allerdings äußerst unübersichtlich, eine zentrale Verwaltung oder ein komplettes Adreßbuch für das Internet gibt es nicht.

Technische Ausstattung für den Einstieg ins Datennetz Internet

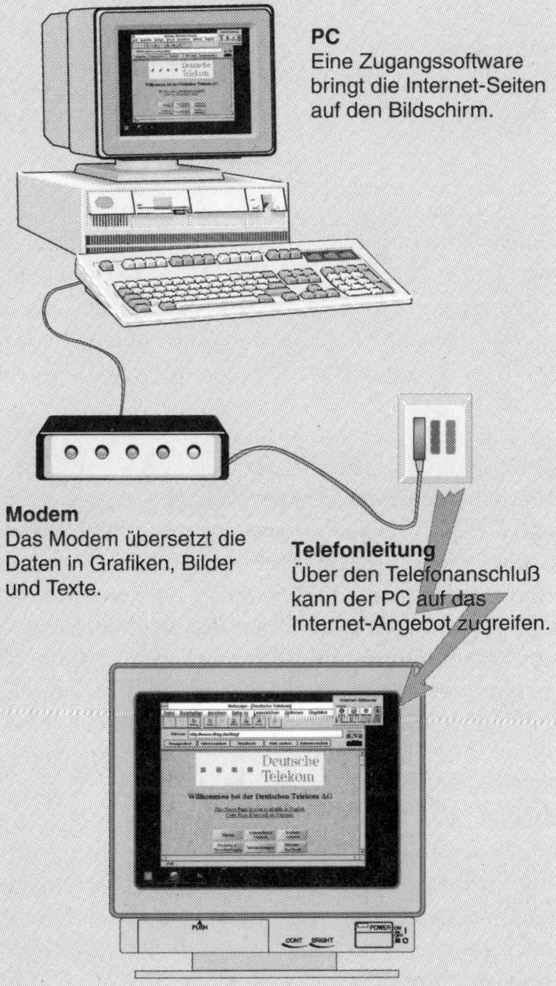

Mit Hilfe von einigen »Wegweisern« kann sich der einzelne im Netz orientieren und die richtige Auffahrt auf die Datenautobahn finden. Wichtigste Ausrüstung ist die Software für das World Wide Web (WWW), eine Art Landkarte des Internet, über die man sich wiederum mit eigenen Navigationsprogrammen bewegen und Inhalte finden kann. Hilfreich sind auch Suchprogramme wie Infoseek oder netweek oder die yellow pages, die gelben Seiten des Internet. Denn nicht nur Anfänger verheddern sich hoffnungslos in der fast unendlichen Fülle an Information. Nach stundenlanger Suche ist die Ausbeute an verwertbaren Informationen meist gering und steht in keinem Verhältnis zum Zeitaufwand. Deshalb bieten inzwischen Volkshochschulen, Computerinstitute und Universitäten Kurse an, in denen gelehrt wird, wie man Datenbanken nutzt und gezielt spezielle Informationen zu Themen wie Recht, Politik, Informatik, Natur etc. aufspürt.

Berufliche Nutzung

Datenbanken gibt es zu allen Themen, die man sich vorstellen kann. Die EDV-Anlagen von Universitäten, Forschungseinrichtungen, Bibliotheken und Archiven sind oder werden derzeit über Hochgeschwindigkeitsnetze miteinander verbunden. Das Recherchieren in Buch- oder besser in Datenbeständen fern des Wohn- oder Studienortes wird so problemlos möglich. Dokumente, etwa von Kongressen, Tagungen oder Konferenzen, können via Internet auch denjenigen zugänglich gemacht werden, die selbst nicht anwesend sind oder waren. Diese Möglichkeit der Daten- und Informationsübertragung nutzen vor allem internationale Organisationen und Unternehmen. Die meisten UNO-Konferenzen, beispielsweise der Umweltgipfel in Rio oder Berlin, können dadurch von Interessenten weltweit verfolgt werden. Da die Datenübertragung besonders schnell funktioniert

Multimedia: Die Marktprognose

Medien- und Kommunikationsausgaben in Deutschland in Preisen von 1991

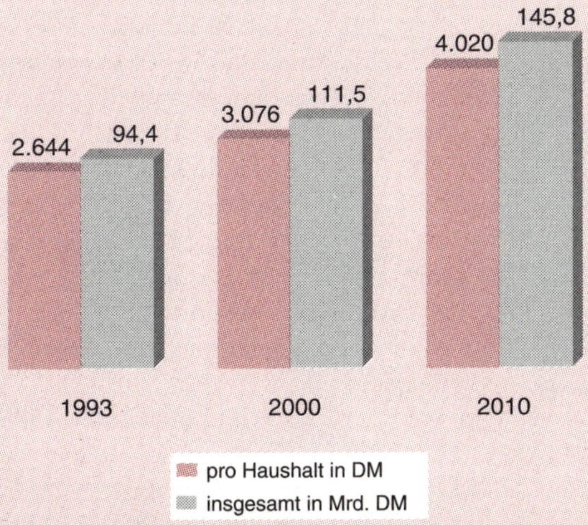

Von allen Privathaushalten verfügen soviel Prozent über ...	1993	2000	2010
Kabelanschluß	38	52	61
Satellitenempfang	20	31	37
Digitale Empfangsmöglichkeit	-	11	59
Datex-J (Modem)	1	10	keine Angabe
PC insgesamt	14	40	80
Multimedia-PC	1	25	60

Quelle: Informationsdienst des Instituts der deutschen Wirtschaft, iwd Nr. 28/95

und ständig aktualisiert werden kann, ist die Online-Recherche und -Kommunikation auch aus dem Finanzwesen heutzutage nicht mehr wegzudenken: Investmentinformationen wie auch Börsenkurse sind im Internet ebenso abrufbar wie spezielle Computerprogramme für Banker und Börsenprofis. Auch für Juristen ist der schnelle Online-Zugriff auf aktuelle Gesetzesänderungen, auf Urteile und Urteilsbegründungen zum beruflichen Alltag geworden. Wissenschaftliche Beiträge und Forschungsergebnisse können Kollegen online schneller zugänglich gemacht werden, ohne Verzögerung in deren Arbeit einfließen und sogar am Bildschirm diskutiert werden. Das Internet erleichtert also die internationale, wissenschaftliche Kooperation und verhindert, beispielsweise in der Krebsforschung, aufwendige und teure Doppelversuche.

Waren es früher vor allem Computerfreaks und Wissenschaftler, die sich im Internet tummelten und Dienste kostenlos anboten oder nutzten, so wird das Netz inzwischen auch wirtschaftlich und zum Geschäftemachen genutzt. Immer mehr kommerzielle Anbieter drängen ins weltumspannende Internet. Computer- und Autoproduzenten preisen online ihre neuesten Modelle an, Software-Hersteller lassen neue Programme ausprobieren, Reiseveranstalter buchen und Versandhäuser bestellen, Verlage bieten Archive, Artikel-Service oder einen Blick in ihre neuesten Zeitschriften. Ob sich das Engagement jemals rechnet, steht in dieser Pionierphase nicht zur Debatte. Die Wirtschaft scheint nach dem Motto zu verfahren: Dabeisein ist alles.

Die Grenzen zwischen gewerblicher und nichtkommerzieller Nutzung, zwischen Internet und privatwirtschaftlich organisierten Online-Diensten verwischen sich. Gleichzeitig ist die Bereitstellung eines Internet-Zugangs heutzutage ein Muß für kommerzielle Dienste wie America Online, Compuserve, Prodigy oder Telekom-Online. Nach und nach werden so alle Online-Anbieter miteinander verknüpft.

Angesichts der daraus entstehenden Datenflut schlägt die Stunde für hochspezialisierte Wirtschaftsdienste, die im Auftrag alle Online-Angebote nach den gewünschten Informationen durchforsten. Somit können Unternehmen schneller und in der Regel preiswerter die ihnen interessanten oder branchenrelevante Daten herausfiltern lassen. Auf Hochtouren gearbeitet wird in den Software-Labors an der Zukunftslösung dieses Problems: Sogenannte »intelligent agents«, Agenten-Programme, sollen künftig dem Computerbesitzer Arbeit abnehmen. Diese Such- und Filtersoftware kann für jedermann je nach dessen Nutzerprofil im Netz Informationen sammeln, elektronische Post sortieren sowie Recherchen durchführen oder an Termine erinnern. Die federführende Institution auf diesem Gebiet, das Media Lab des Massachusetts Institute of Technology (MIT), ist sogar dabei, einen lernfähigen Agenten zu entwickeln, der in der Zusammenarbeit mit dem Nutzer wichtige von unwichtigen Informationen zu unterscheiden lernt.

Unterhaltung

Am meisten Zuspruch im Internet haben die unzählige Nachrichtengruppen und Foren, in denen sich Menschen mit gleichen Interessen und Aufgaben zusammenschalten können. Wer beispielsweise Probleme mit einem Computerprogramm hat, kann sich via Internet an eine Gruppe von Nutzern (User) der gleichen Software wenden und erhält von ihnen Ratschläge aus aller Welt auf seinen Bildschirm. Ganz ähnlich können neue Programme oder Spiele ausgetauscht und auf den eigenen Computer geladen werden. In sogenannten »Chat«-Foren (chat, engl. für Tratsch) können sich die Teilnehmer via Bildschirm und Tastatur über alle möglichen Themen unterhalten – von politischen Fragen über Strickmuster und Kochrezepte bis zu Gesundheitstips. Unterhaltung kann man nicht nur bei anderen Internet-Teilnehmern finden. Wer sich für Musik interessiert, kann sich Texte und Noten von Songs auf den Bildschirm holen oder die aktuellen Charts abfragen. Denn Plattenfirmen nutzen das Internet für Promotionzwecke. Zu neuen Kinofilmen lassen Verleihgesellschaften Informationen über Darsteller, Regisseur, Dreharbeiten ebenso abrufen wie aktuelle Filmkritiken. Die Übertragung von Ausschnitten aus den Filmen im großen Stil scheitert derzeit noch an der Kapazität des schmalbandigen Netzes. Das gleiche gilt für TV-Programme: Fast alle Sender bieten inzwischen einen eigenen Internet-Service an. Man kann sich online über Programme und Sendungen informieren, doch beschränkt sich das weitgehend auf Fotos und Text.

Wer will, kann sich auch aktuelle Wettermeldungen abrufen und bekommt die passende Tourismusinformation dazu. Immer mehr Städte und Regionen bieten eigene Homepages an, aus denen Veranstaltungshinweise, Kino- und Theaterprogramme mit Ticketservice, Historisches, Sehenswürdigkeiten, Hotels, Restaurants und sonstige Dienstleistungen zu erfahren sind.

Eher als Spielerei sind Versuche anzusehen, Ereignisse »onlive« zu vermitteln: So wurde beispielsweise die spektakuläre Reichstagsverhüllung in Berlin im Juni 1995 im Internet übertragen. Alle paar Minuten gab es ein Bild des neuesten »Verhüllungsstandes«; doch Beobachter berichteten recht enttäuscht, daß nicht nur der Bildaufbau quälend langsam vor sich ging, sondern auch die Bildqualität zu wünschen übrig ließ und an den Eindruck, den Fernsehbilder vermittelt haben, bei weitem nicht heranreichte. Auch der Versuch, Museumsschätze online anzubieten, krankt derzeit noch an mangelnden Übertragungskapazitäten und der damit verbundenen schlechten Bildauflösung auf dem PC-Bildschirm. Einer der beliebtesten Dienste ist das Verschicken von *E-Mail*:

Electronic Mail (E-Mail)

Elektronische Nachrichten werden vom eigenen Computer in den des Adressaten geschickt. Dazu kann der Empfänger entweder direkt angewählt werden, oder aber er hat bei einer Mail-Box ein elektronisches Postfach eingerichtet, von dem er eingegangene Mitteilungen oder Daten abruft.

Der langwierige Postweg gehört der Vergangenheit an, in Sekundenschnelle erreicht die Nachricht den Computer des Adressaten – ein Service, den nicht nur Privatleute, sondern auch Wissenschaftler oder Manager gerne nutzen.

Inzwischen wird das Internet als Nachrichtenmedium auch mißbraucht, insbesondere dort, wo es um pornografische oder extrem politische Inhalte geht. Da gibt es nicht nur jede Menge harmlosen Sex-Talk und Angebote von Sex-Katalogen und -Fotos. Manche der Foren entpuppen sich bei genauerem Hinsehen als Vermittlung von Kinderpornographie und anderer menschenverachtender Offerten. Dabei sind diese Seiten ungeschützt und nicht eindeutig als Sex-Dienste zu erkennen. Jeder Internet-Surfer, auch Kinder und Jugendliche, können in solche Pornoforen geraten. Ähnliches gilt inzwischen auch für die Dienste, die von Rechtsradikalen, Rassisten oder anderen politisch extremen Gruppen eingespeist werden.

Vier entscheidende Faktoren hemmen bei aller Euphorie noch die private Nutzung des Internet:

- Für den PC-Ungeübten ist die Handhabung viel zu kompliziert,
- die chaotische Überfülle an Information schreckt ab,
- ebenso die langen Wartezeiten, wenn Informationen auf den PC geladen werden,

– bei ausgedehnten Datenreisen steigt die Telefonrechnung sprunghaft an. Obwohl die meisten Internet-Dienste kostenlos sind, müssen für die Übertragungszeiten hohe Telefongebühren bezahlt werden.

2. Kommerzielle Anbieter

Seit 1993 boomt der Markt der kommerziellen Online-Dienste. Kein Wunder, denn die Zahl der Nutzer steigt. 1995 lag sie weltweit bei über zehn Millionen. Täglich beantragen zur Zeit etwa 10.000 Neukunden einen Online-Anschluß. Das anhaltende Wachstum dieses Kom-

Multimedia führt bislang unabhängige Industrien zusammen

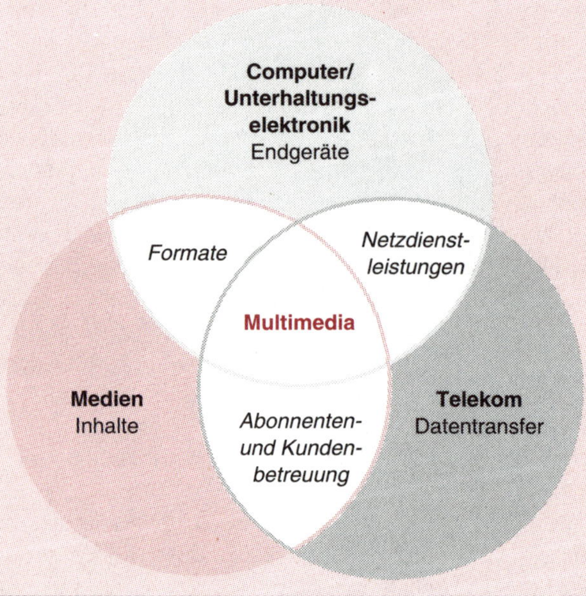

munikationsmarktes wird begründet von der steigenden Verbreitung von Computern, dem Preisverfall bei Endgeräten und Modems, den einfacher zu bedienenden Programmen und Benutzeroberflächen. Besondere Anziehungskraft haben E-Mail und Electronic Banking, die Verwaltung des Kontos vom häuslichen Computer aus.

In den letzten Jahren sind in den USA eine Reihe von großen Online-Datenbanken entstanden, unter denen Compuserve und America Online an erster Stelle stehen. Das Microsoft Network ist auf der Basis des Internet noch im Aufbau. Diese Netzwerke können auch von Europa aus angesteuert werden. Im Gegensatz zum Internet fallen bei der Nutzung dieser rein kommerziellen Netze feste monatliche Gebühren an sowie zusätzliche Kosten für den Abruf bestimmter Dienste und Daten. Eine Abzweigung zum Internet bieten inzwischen alle diese kommerziellen Dienste an.

US-Anbieter

Compuserve, der älteste und lange Zeit größte kommerzielle Anbieter, wird vor allem von Firmen genutzt und hat derzeit rund 3,4 Mio. Teilnehmer in 150 Ländern. Mitte 1995 waren 300.000 europäische Nutzer registriert. Als Compuserve-Mitglied kann man vom PC aus rund 2.000 Datenbanken weltweit erreichen. Große Datenanbieter kommen aus den Bereichen Börse und Finanzen, Nachrichtenagenturen, Reise, Computerhersteller und Spiele. Nicht fehlen dürfen die Foren, in denen sich vor allem Berufs- und Interessensgruppen zusammengeschlossen haben. Außerdem kann, wie im Internet auch, weltweit E-Mail verschickt werden. Deutsche Inhalte, beispielsweise Bundesbahnfahrpläne oder Artikel der Zeitschrift Spiegel, sollen Compuserve gegen die neuen, europäischen Konkurrenten rüsten.

America Online (AOL) gilt als der am schnellsten wachsende, kommerzielle Online-Dienst. Ende 1995 hat er bei den Nutzern die Vier-Millionen-Grenze überschritten und ist damit der größte Online-Anbieter der Welt. AOL ist für Europa eine Kooperation mit Bertelsmann eingegangen. Über den gemeinsamen Dienst sind alle US-amerikanischen Inhalte, die vor allem aus dem Bereich Unterhaltung stammen, auch diesseits des Atlantiks abrufbar.

e-World ist ein Dienst, der von Apple Computers speziell für die Nutzer von Macintosh-Software gegründet wurde. Er wird für seine grafisch schöne Benutzeroberfläche gelobt, bietet aber eher dürftige Inhalte für bisher rund 150.000 Benutzer. e-World ist seit 1995 außer in den USA und Großbritannien auch in Deutschland zu empfangen und will sich künftig allen Internet-Usern öffnen.

Mit **The Microsoft Network** weckte Microsoft, weltweit der Branchenführer im Softwarebereich, große Erwartungen. Mit seinem neuen Programm Windows 95, ausgeliefert im August 1995, ist der Zugang zu einem eigenen Online-Dienst, The Microsoft Network, verbunden. Dies wurde allerdings kurzfristig innerhalb des Internet installiert und hatte Ende 1995 rund 540.000 Nutzer. Theoretisch sollten sich einmal Millionen von Windows-Usern über ein integriertes Programm einwählen können. Doch gegen diese Marketingsstrategie laufen die Konkurrenz-Dienste Sturm. Das US-Justizministerium muß nun darüber entscheiden, ob ein an die Software gekoppelter Netzzugang gegen das Wettbewerbsrecht verstößt. Als Alternative wird diskutiert, über Windows einen diskriminierungsfreien Zugang zu allen Online-Diensten zu gewährleisten.

Das neue Microsoft-Network soll künftig in 35 Ländern und in 20 Sprachen präsent sein. Doch die Erfahrungen der ersten Monate sind eher negativ: Nutzer beklagen den langsamen Datenzugriff, nur wenige Datenbanken und Foren sind bislang erreichbar. Außerdem wurden Software-Hersteller als Content-Provider (Anbieter spezieller Inhalte) gewonnen, Hardware-Firmen bieten technische Unterstützung an. Kooperationen mit Fernsehsendern sollen das Informationsangebot bereichern, Fernsehen und Netz können sich ergänzen und parallel arbeiten.

Europäische Dienste

Eigentlich sollten Ende 1995 zwei neue, konkurrierende Online-Dienste in Europa an den Start gehen: Bertelsmann Online und Europe Online, eine Initiative des Burda Verlages. Doch nur das Angebot des Gütersloher Medienkonzerns Bertelsmann, der mit dem erfolgreichen US-Dienst America Online kooperiert und auf dessen Markterfahrungen aufbaut, ist seit Dezember 1995 präsent:

AOL Bertelsmann Online arbeitet unabhängig von seinem großen Partner. Das heißt, daß AOL in Europa ein eigenes Netz – unabhängig von der Telekom – aufbauen will. Der AOL/Bertelsmann-Schwerpunkt liegt eindeutig auf dem Unterhaltungsbereich. Geboten wird außerdem ein einfacher Zugang zum Internet. Das AOL-Angebot aus den USA wird zudem komplett übernommen und den Kunden zum Ortstarif angeboten.

Der neue Dienst versteht sich keineswegs als alleiniges Bertelsmann-Angebot. Weitere Inhalte steuern nicht nur Gruner & Jahr (stern, geo etc.) und weitere Tochter-Unternehmen bei, sondern auch andere Verlage, Agenturen oder Organisationen. Geplant ist eine Kooperation mit der Deutschen Telekom. Zielgruppe sind zunächst junge Leute mit Technikbindung.

150 Millionen D-Mark läßt sich Bertelsmann nach eigenen Angaben das elektronische Engagement kosten, in drei bis vier Jahren soll es schwarze Zahlen schreiben. Langfristig will der Service weltweit mit länder- und regionenspezifischen Angeboten in der jeweiligen Landessprache verfügbar sein.

Bertelsmann/AOL-Angebot	
News	Politik, Wetter, Sport, internationale Zeitungen, selected content reading, wake up calls (automatisches Signal bei der Veränderung zeitabhängiger Informationen),
Finanzen	Homebanking, Ratgeber, Börsenkurse,
Reisen	Flug- und Fahrpläne, Reisemagazine, interaktive Reiseführer,
Computerpraxis	Überspielen von Software, Hotline zu den Herstellern, Computermagazin,
Literatur	Literatur-Auszüge, Autorengespräche, internationale chat-rooms, preference browser, Rezensionen,
Kiosk	Special-Interest-Zeitschriften
Nachschlagewerke	Lexika, Elektronische Telefonbücher, Wörterbücher,
Marktplatz	Spezialangebote des Versandhandels.

Europe Online (EOL), das unter dem Motto »von Europäern für Europäer« angetreten ist, sollte ursprünglich in Zusammenarbeit mit einer Reihe großer, europäischer Verlagshäuser als eigenständiger Online-Dienst organisiert werden. Doch der Aufbau eines eigenen Netzes war zu teuer, mehrere Partner, darunter der deutsche Springer-Verlag und die französische Verlagsgruppe Matra-Hachette, zogen sich zurück. Deshalb bietet Europe Online seine Dienste seit 1995 als Teil des Internet an. Einnahmen in Form von Abonnementgebühren gibt es vorerst nicht, da sich jeder über das Internet in die Dienste einklinken kann und dort noch keine Abrechnungsstrukturen existieren. Angebote wie Focus-Online, ein Informationsdienst, TraXXX, ein Freizeit- und Reisedienst, Health Online, ein Service für Ärzte, oder Uni-Online müssen sich weitgehend durch Werbung und Sponsoring finanzieren.
T-Online ist der derzeit führende deutsche Online-Dienst, zur Funkausstellung 1995 von der Telekom gestartet. Damit soll der in die Jahre gekommene Bildschirmtext (BTX), zwischenzeitlich erweitert zu Datex-J, fürs neue Multimediazeitalter aufgerüstet werden. Bis Mitte 1995 wurden rund 840.000 Teilnehmer gewonnen, Anfang 1996 die Millionenhürde überschritten. Die beliebteste Anwendung ist das Telebanking.

Eine Software namens KIT (Kernsoftware für Intelligente Terminals) erlaubt es, den bisher beschränkten Textaufbau hinter sich zu lassen und PC-typische Darstellungsformen zu nutzen, neben Textseiten auch Grafik-, Foto- und Sound-Informationen abzurufen. Eine Reihe von Zeitschriften und Firmen nutzen bereits diesen neuen Standard. Außerdem wurde T-Online durch einen Zugang zum Internet und eine E-Mail-Funktion mit Internet-Adresse für jeden Teilnehmer erweitert. Im traditionellen BTX-Bereich, der weiterhin besteht, bietet beispielsweise die Deutsche Bahn nicht mehr nur ihre

Fahrpläne, sondern auch eine Online-Reservierung von Platzkarten an. Außerdem kann BTX von geschlossenen Benutzergruppen zur firmeninternen Kommunikation eingesetzt werden, zum Beispiel als Verbindung zu Außendienstmitarbeitern, als Bestellsystem oder für den Zugriff auf Kundenkarteien und Preislisten.

Der Aufbau von Online-Servicenetzen schafft einen neuen Markt auf dem Dienstleistungssektor. Es dürfte allerdings etwas länger dauern, bis sich die neuen Angebote etabliert haben. Auf lange Sicht – so steht zu erwarten – kann der Wildwuchs an Online-Informationen eingedämmt werden, denn auf Dauer werden sich nur rentable Dienste durchsetzen. In zehn bis zwanzig Jahren könnte die Vernetzung von Haushalten und Unternehmen zum technischen Alltag gehören.

III. Auffahrt digitales Fernsehen

Auch das Fernsehen kann die neuen Informationstechniken nutzen. Dadurch werden noch mehr Programme entstehen, die sich aber anders als gewohnt finanzieren müssen. Heute bezahlen die öffentlich-rechtlichen Sender ihre Programme vor allem aus Gebühren und Werbung, während die privaten ausschließlich durch Werbung verdienen. Künftig wird sich die Art der Finanzierung ändern: Programme oder Sendungen werden vom Zuschauer abonniert und gekauft wie Zeitschriften. Derzeit organisiert in Deutschland nur der Spielfilmsender premiere ein solches Angebot, das *Pay-TV* oder *Pay-per-Channel* genannt wird. Rund einer Million Zuschauern liefert er Filme und Sport-Übertragungen. Die Besonderheit: Es gibt hier keine störenden Werbeunterbrechungen.

1. Pay-TV-Formen

In anderen Ländern ist Pay-TV bereits sehr viel weiter verbreitet und mit mehr Kanälen präsent als in Deutsch-

Pay-TV/Pay-per-Channel

Pay-TV-Kanäle können gegen eine Monatsgebühr abonniert werden. Das Programm wird verschlüsselt ausgestrahlt, auf dem Bildschirm von Nicht-Abonnenten sind nur verzerrte Linien zu erkennen oder der Ton ist unverständlich. Abonnenten empfangen bezahlte Sendungen oder Programmme mittels eines Decoders, der an den Fernseher angeschlossen wird und die Signale in ein erkennbares Programm umwandelt.

land. In Frankreich gibt es Canal+, in Großbritannien das BSkyB-Paket mit Spielfilm-, Sport-, Nachrichten-, Hausfrauen-, Kindersendungen und weiteren Spartenangeboten, die spezielle Interessen ansprechen. Doch im Gegensatz zu diesen Ländern sind hier über Kabel oder Satellit so viele Kanäle und Sender frei zu empfangen wie nirgendwo sonst. Pay-TV wird deshalb kaum nachgefragt.

Zudem halten sich hier auch die Unterbrechungen von Sendungen durch Werbung in erträglichen Grenzen, noch ein Grund, warum an werbefreien Pay-TV-Programmen wenig Interesse besteht. Doch in Zukunft werden auch in Deutschland Pay-TV-Pakete mit verschiedenen Themenkanälen angeboten werden. Viele davon wollen sich allerdings nicht nur aus Abo-Gebühren, sondern auch aus Werbung finanzieren. Die Industrie hat großes Interesse, ihre Produkte dort zu plazieren, wo interessierte Zielgruppen sie – eingebettet in passende Inhalte – sehen können.

Eine spezielle Art des Pay-TV ist *Pay-per-View*. Hier bezahlt der Zuschauer für einzelne Sendungen. Als Inhalte bieten sich hochklassige Sportwettkämpfe, Konzerte oder Kinohits an, weil dort die Motivation, eine hohe Gebühr ähnlich einer Eintrittkarte zu zahlen, besonders groß ist.

Pay-per-View

Wenn nicht für einen ganzen Programmkanal, sondern für einzelne Sendungen bezahlt wird, spricht man von Pay-per-View. Der Zeitpunkt der Ausstrahlung wird vom Veranstalter vorgegeben, der Zuschauer schaltet sich nur bei Sendungen zu, die ihn interessieren; sie werden verschlüsselt ausgestrahlt und einzeln abgerechnet.

Schon 1996 soll auch in Deutschland das digitale Fernsehzeitalter beginnen und der Zuschauer unter Spartenprogrammen, etwa für Kinder, Spielfim-Liebhaber oder für Musikfreunde, auswählen können. Entsprechende Pläne liegen in den Schubladen fast aller bekannten Fernsehsanstalten und Medienkonzernen.

2. Digitale Technik

Der technische Schlüssel zum Empfang all dieser neuen Fernseh-Angebote ist die *Settop-Box*. Denn die gegenwärtigen analogen Empfangsgeräte können die neuen, digitalen Datenströme nicht verarbeiten. In einigen Jahren wird die Settop-Box bereits in TV-Apparaten und Videorecordern integriert sein.

Settop-Box

Die Settop-Box ist ein leistungsfähiger Graphik-Rechner, der zwischen den Antennenausgang und das TV-Gerät geschaltet wird. Er empfängt den ankommenden, digitalen und komprimierten Datenstrom, dekomprimiert ihn und wandelt ihn in ein analoges Bild um. Die zweite Funktion: Die Settop-Box kann über eine Fernbedienung angesteuert werden und leitet den Teilnehmerwunsch – beispielsweise eine Pay-per-View-Anforderung oder eine Waren-Bestellung per Rückkanal an den zentralen Server weiter. Settop-Boxen heißen so, weil sie in der Regel auf dem TV-Gerät (englisch tv-set) stehen, sie firmieren aber auch noch unter dem Bergriff digitaler Decoder.

Die Settop-Box übernimmt außerdem bei Pay-Diensten die Funktion eines elektronischen Kartenkontrolleurs und Geldeintreibers: Sie registriert die Zugangsberechtigung, beispielsweise ein Paßwort oder eine Code-Karte, und veranlaßt dann die Entschlüsselung des Programms. Für die Abrechnung gibt es ein integriertes Lesegerät. Es kann Kreditkarten verarbeiten oder aber Smart-Cards, das sind Microchipkarten, die ähnlich einer Telefonkarte mit Geldwerten zum Abbuchen aufgefüllt werden. Es wird Pay-per-View-Karten für einzelne Sender geben oder für bestimmte Sendungen. Abbuchungen können auch über die Telefonrechnung laufen.

Um die Einführung solcher Settop-Boxen war in Deutschland 1995 ein medien- und industriepolitischer Streit entbrannt. Zwei vergleichbare Systeme standen sich gegenüber: Auf der einen Seite die »d-box«, eine Entwicklung der KirchGruppe, des größten Film- und Fernsehrechtehändlers in Europa und gleichzeitigem Gesellschafter bei mehreren privaten TV-Sendern. Auf der anderen Seite die »Mediabox«, die von der geplanten Multimedia-Betriebsgesellschaft (MMBG) favorisiert wird, zu der sich die öffentlich-rechtlichen und einige private Sender und Medienunternehmen sowie die Telekom zusammenschließen wollen. Nachdem es lange danach aussah, als würden in Deutschland zwei unterschiedliche Systeme entstehen – was die Markteinführung des digitalen Fernsehens nicht gerade erleichtert hätte –, fanden die Kontrahenten Ende 1995 einen Kompromiß.

Von ihren technischen Funktionen her sind die d-box und die Mediabox vergleichbar: Beide bieten Anschlußmöglichkeiten an TV-Gerät, Videorecorder, aber auch an die Hifi-Anlage, zu Computer, Modem und Drucker. Der Unterschied besteht lediglich im Zugangssystem (conditional access), das kontrollieren soll, welche Programme oder Programmpakete empfangen und abgerechnet werden können. Wer Kontrolle über dieses Herzstück der Settop-Box hat, der entscheidet auch darüber, welche Anbieter welche Programme in die Haushalte schicken. Es geht also um Einfluß und Macht, auch wenn alle betroffenen Firmen und Sender beteuerten, daß sie allen Anbietern einen diskriminierungsfreien Zugang gewährleisten wollten. Und natürlich geht es auch ums Geld, denn beim Bau des digitalen Decoders werden Lizenzgebühren fällig. Welches System letztendlich das Rennen macht, war Anfang 1996 noch unklar. Die Settop-Boxen sollen anfangs zwischen 1.000 und 1.500 D-Mark kosten oder auch zu mieten sein. Basis für die Einführung des digitalen Fernsehens sollen die Empfänger von premiere sein, an diesem Sender sind Unternehmen aus beiden Settop-Box-«Lagern« beteiligt. Dort müssen zudem analoge Decoder lediglich gegen digitale ausgetauscht werden.

3. Interaktives TV

Pay-TV und Pay-per-View werden lediglich mehr Programme bringen. Bei *Video-on-Demand* (VoD) wird dagegen der Schritt vom allgemein zugänglichen Pro-

Video-on-Demand / Near-Video-on-Demand

Video-on-Demand (VoD) kann mit »Filme auf Verlangen« übersetzt werden. Zuschauer können aus einem riesigen, elektronischen Katalog Filme aussuchen und sie sich auf den eigenen Bildschirm überspielen lassen. Das erspart den Gang zur Videothek oder das Programmieren des Videorecorders. Eine Vorstufe dazu bildet Near-Video-on-Demand: Derselbe Film wird auf mehreren Kanälen zeitversetzt ausgestrahlt, beispielsweise im 15-Minuten-Takt. Damit ist ein flexibler Einstieg in einen aktuell laufenden Film möglich oder eine Pause zwischendurch.

gramm zur individuellen, zeitlich unabhängigen Auswahl einzelner Sendungen getan.

Als Fernziel wird angesteuert, daß der Zuschauer sein eigener Programmdirektor wird, der sich aus einem TV-Supermarkt – ebenfalls gespeichert auf der Information-Highway – individuell bedient. VoD erfordert eine komplizierte, hochentwickelte Technik, denn jeder der angeschlossenen Haushalte muß jederzeit auf einen Film zugreifen können. Doch gegenwärtig hapert es noch an der Technologie. Sie stellt gerade mal Speicherkapazität für 50 bis 100 Titel zur Verfügung. Zunächst wird daher *Near-Video-on-Demand* eingeführt, wobei jeder bestellte Film einzeln abgerechnet wird.

Parallel genutzte Kanäle bieten mehr Möglichkeiten: Ein Sportereignis wird aus unterschiedlichen Kamerapositionen übertragen und der Zuschauer wählt per Fernbedienung seine Sicht auf Spiele oder Rennen. Eher futuristisch mutet noch die Vorstellung an, daß das Publikum einmal die Handlung eines Films beeinflußt und bestimmt, ob Helden überleben oder ob Mörder gefaßt werden. Aber auch solche interaktiven Filme sind nur noch eine Frage der Zeit. Unbeantwortet bleibt bisher, ob das Publikum sich das auch wünscht und dafür bezahlen wird.

Eine einfachere Form der Interaktivität dürfte schneller zu realisieren sein: Ähnlich wie bei Videotext gibt es zu Sendungen künftig digitale Zusatzinformationen. Bei Bedarf kann sich der Zuschauer in eine Ebene unter dem Fernsehbild schalten und zu einer Sportsendung die aktuelle Statistik abfragen oder von einem Politiker die Biographie abrufen.

Den Weg durch die Welt der Fernsehprogramme wird der Zuschauer künftig auch nicht mehr in Zeitschriften finden, sondern am Bildschirm. Via Fernbedienung blättert er nicht nur im Angebot eines Senders, sondern durchforstet das gesamte TV-Programm.

IV. Auffahrt digitaler Hörfunk

Auch beim Radio hält die Digitaltechnik Einzug. Sie bereitet den Weg für Hörfunk in CD-Qualität und rüstet das Radiogerät auch zum Multimedia-Empfänger auf. Neben Musik können auch Texte und Bilder, die auf einem kleinen Display erscheinen, übertragen werden. Gearbeitet wird an einer Verbindung von digitalem Empfänger und PC, um so die Nutzung des Datenstroms auszubauen. Die Grenzen zwischen den Medien verschwinden. Deutlich wird das bei den Pilotprojekten mit *Digital Audio Broadcasting (DAB)*, die im Herbst 1995 in mehreren Bundesländern gestartet sind. DAB soll langfristig das überlastete UKW-Band ablösen und den Empfang im Auto verbessern. Sein Vorteil ist neben der Klangqualität der gleichbleibend gute Empfang auch in Häuserschluchten, im Tunnel oder in den Bergen. Dabei entfällt auch das Nachstellen des Senders, denn DAB kann großflächig auf der gleichen Frequenz übertragen werden.

Ein entscheidender Unterschied zum heutigen Radioempfang ist die Möglichkeit zur Übertragung zusätz-

Digitale Radio-Übertragung/Digital Audio Broadcasting (DAB)

Anders als beim Radio Empfang über Mittel- oder Ultrakurzwelle (UKW) gibt es bei der digitalen Übertragung kein Rauschen oder Knistern aus dem Äther, keine Überlagerung von Sendern. Digitales Radio kommt über Satellit, Antennenschüssel oder übers Kabel oder wird, wie DAB, über neue Frequenzen abgestrahlt. Zum Empfang mit älteren Geräten sind Digitaltuner oder Beistellreceiver notwendig.

licher Datendienste: zum einen sogenannte programmbegleitende Angebote, zum anderen programmunabhängige Datendienste, die sich an alle oder auch an geschlossene Benutzergruppen richten können. Die programmbegleitenden Informationen sind beispielsweise Angaben zu einem Musikstück, die Wetterkarte zum Wetterbericht oder die Einblendung von Kontaktadressen, Telefon- oder Kontonummern bei Sendungen zur Lebenshilfe. Unabhängige Informationen reichen vom Verkehrsleitsystem über den Stellen- und Immobilienmarkt bis hin zu Börsenkursen, Kochrezepten, Hotelhinweisen, Veranstaltungstips.

Während Hörfunk-Programme und ihre Begleitinformationen dann zu empfangen sind, wenn sie auch ausgestrahlt werden, können die Datendienste zeitversetzt übertragen werden. Dazu ist ein Speicher im DAB-Empfänger notwendig, der zur Verarbeitung und Decodierung der Datenströme die Funktion eines Klein-Computers erfüllt. Radioprogramme sind digitalisiert nicht mehr an einen festgelegten Übertragungskanal gebunden, und sie benötigen nicht alle die gleiche Übertragungsbandbreite – für Klassik ist beispielsweise eine größere Bitmenge notwendig als für Wortangebote.

Der entscheidende Vorteil von DAB ist jedoch: Es wird terrestrisch übertragen und kann mit kleinen Stabantennen empfangen werden. Es könnte daher für künftige Multimedia-Angebote das ideale Medium für den draht- und kabellosen Empfang in der Fläche sein. Noch ist das Datenhandy Zukunftsmusik, das Hörfunk, Video, Text und Daten überallhin bringt, aber an Prototypen wird schon gebaut. Für DAB wird, wie für alle Digitaldienste, eine völlig neue Geräteausstattung benötigt. Dadurch hat DAB eine hohe industriepolitische Bedeutung gerade für Deutschland, wo diese Technik entwickelt wurde. Die deutsche Rundfunkindustrie kann neue Märkte in Europa, in den USA und Japan aussprechen.

Auch über Satellit ist Digitalradio möglich. Ein erstes System steht mit DSR (Digital Satellite Radio) bereits seit 1989 zur Verfügung. 16 Stereo-Hörfunk-Kanäle – ausschließlich vorhandene Programme – werden über den Satelliten Kopernikus abgestrahlt und in die Kabelnetze eingespeist. Doch teure Empfänger und fehlende Programminnovationen haben verhindert, daß sich die neue Hörfunktechnik durchsetzen konnte. Mit Hunderten von Programmen ist kürzlich das neue Angebot ADR (Astra Digital Radio), das über den Satelliten Astra abgestrahlt wird, an den Start gegangen. Es kann mit der gleichen Anlage wie die Astra-TV-Programme empfangen und über ein Zusatzgerät an die vorhandene Stereoanlage angeschlossen werden.

Satellitenradio besteht in der Regel aus reinen Musikspartenprogrammen, die auf Moderation, Information und Werbung verzichten und zu Pay-Radio-Paketen gebündelt werden. Diese können wie Pay-TV abonniert werden. Der Schwerpunkt liegt auf dem technisch einwandfreien Empfang einzelner Musikgattungen, von Oper oder Symphonien über Hard-Rock, Techno und Free-Jazz bis zu deutschen Schlagern oder französischen Chansons. In Deutschland laufen Versuche in Kabelnetzen mit den Angeboten von Music Choice Europe (MCE) und Digital Music Express (DMX). Die Resonanz ist allerdings bisher gering. Musikkonzerne sehen Pay-Radio mit gemischten Gefühlen, denn werden Musiktitel digital ausgestrahlt und aufgenommen, wäre der Kauf von CDs überflüssig. Ein Argument, das auch die Einführung der Hörkassetten begleitet hatte, das aber durch den Alltag entkräftet worden ist.

Noch Zukunftsmusik, aber technisch machbar sind Musik-Netzwerke: Musik wird von einem Computer direkt auf das Multimediagerät im Wohnzimmer gespielt. An der Umsetzung solcher digitalen Musikarchive wird bei Plattenkonzernen, Elektronikfirmen und

Netzbetreibern gearbeitet. Bereits erprobt werden in den USA elektronische Kioske in Musikfachgeschäften: Der Kunde bestellt via Bildschirm einen bestimmten Musiktitel, der über Satellit von einer zentralen Datenbank direkt auf eine CD geladen wird und samt Cover aus einer Art Automat kommt.

V. Auffahrt Offline

Nicht alle Computer sind online mit anderen Nutzern oder mit Datenbanken verbunden, nicht für alle Anwendungen sind Online-Verbindungen notwendig. Auch der *Offline-Multimedia-Markt* wächst rasant, wenn er von manchen auch nur als Vorstufe und Übergangsmedium zu schmal- und breitbandigen Online-Diensten angesehen wird.

1. CD-ROM

Als Speichermedium weltweit auf dem Vormarsch ist die *CD-ROM*, die im Gegensatz zur herkömmlichen Compact-Disk (CD) neben Musik und Sprache auch andere Daten (Bilder, Grafiken, Filmsequenzen) speichern kann. Das CD-ROM-Abspielgerät – für den Computer Laufwerk genannt – unterscheidet sich vom CD-Player

Offline-Multimedia

Daten, die im Computer ver- oder bearbeitet werden, können entweder von Disketten, CD-ROM oder anderen Speichermedien stammen und von dort kopiert werden, oder sie werden von Online-Diensten über das Modem auf die Festplatte übertragen (downloaden). Zum Bearbeiten dieser Dateien koppelt sich der Nutzer dann vom Netz ab. Der Vorteil dieses Offline-Multimedia: Die Arbeit mit den Daten ist wesentlich preiswerter, weil keine hohen Leitungskosten anfallen, und sie kann archiviert werden. Online-Anbieter lassen sich das Downloaden daher bezahlen oder machen den Kopiervorgang und damit die Offline-Nutzung unmöglich.

CD-ROM

Die **C**ompact **D**isk **R**ead **O**nly **M**emory ist ein Speichermedium, das aussieht wie eine Audio-CD. Die verfügbare Datenmenge ist allerdings sehr viel höher und umfaßt sowohl Text und Bild als auch Ton und Video. Die Speichermenge beträgt rund 660 Millionen Zeichen, das entspricht etwa 300.000 Schreibmaschinenseiten Text. Die CD-ROM wird über ein eigenes Laufwerk am Computer abgespielt.

nur durch ein paar zusätzliche Chips. Über Tastatur- und Mausfunktionen werden die Daten der CD-ROM aktiviert. Die hohen Speicherkapazitäten werden vor allem im Lexikon- und Archivbereich, aber auch für Spiele und Lernprogramme genutzt. Wie in einem Lexikon kann der CD-ROM-Leser in den Daten blättern und sich Informationen nach seinen Interessen abrufen, Bekanntes überspringen oder Sequenzen wiederholen.

Die silbernen Scheiben werden inzwischen bereits mit Online-Medien kombiniert: Nachschlagewerke auf CD-ROM werden online aktualisiert. In der Entwicklung ist auch ein TV-Programmführer, der über das Fernsehkabel in den PC eingespeist wird. Während über das Netz aktuelle Programmhinweise in den PC-Fernseher gespielt werden, kommen auf CD-ROM Filmtrailer und vertiefenden Informationen ins Haus. Die Entwicklungskosten pro CD-ROM-Titel werden zur Zeit mit durchschnittlich 100.000 DM angegeben. Eine besonders aufwendige Produktion hat sich der Sender 3sat vorgenommen: Die 104-teilige Reihe »Schätze der Welt – Erbe der Menschheit« wird auf CD-ROM so aufbereitet, daß der Nutzer durch historische Stätten wandern, Details heranzoomen, Dokumente aufrufen und dazu die Musik der damaligen Zeit hören kann.

In Deutschland hat die Zahl der CD-ROM-Laufwerke, die als externe Geräte an den PC angeschlossen werden oder in neuen Geräten bereits integriert sind, inzwischen die Zwei-Millionen-Grenze überschritten. Weltweit sollen allein 1995 27 Millionen Laufwerke installiert worden sein. Mit CD-ROM, so schätzen Wirtschaftsexperten, wird im Jahr 2000 weltweit ein Umsatz von 70 Milliarden D-Mark gemacht, 30 Milliarden D-Mark im Unterhaltungsbereich und 40 Milliarden D-Mark durch professionelle Anwendungen.

2. CD-I

Die *CD-I* sollte als digitales Medium die analoge Videokassette ablösen; das »I« steht für Interactive. CD-I-Abspielgeräte haben sich jedoch bisher am Markt nicht durchgesetzt. In Deutschland waren Ende 1994 schätzungsweise 30.000 CD-I-Player installiert, weltweit ca. 300.000.

Doch es fehlt vor allem an attraktiver Software für die neue Unterhaltungselektronik. Der deutschsprachige CD-I-Katalog umfaßte 1994 gerade einmal 150 Titel. Kein Wunder, denn derzeit passen nur 70 Minuten Film

CD-I

Die **C**ompact **D**isc **I**nteractive wurde in Konkurrenz zur CD-ROM entwickelt. Sie hat eine vergleichbare Speicherkapazität, ist aber nicht am Computer abzurufen, sondern wird über ein Zusatzgerät am Fernsehgerät genutzt. Bedient wird sie über einen elektronischen Steuerknüppel (Joy-Stick oder Schaltkonsole). Die Super Density Disc (SD), eine Weiterentwicklung der CD-I, bringt mehr Speicherkapazität für Audio, Video und Computerdaten.

auf eine silberne CD-I-Scheibe – mitten in einem Spielfilm muß gewechselt werden. Abhilfe soll die Erhöhung der Speicherkapazität bringen, die Super Density Disc (SD). Mitte 1995 schmiedeten Sony und Philipps eine Allianz mit ihren ehemaligen Konkurrenten, den japanischen Konzernen Mutsushity, Toshiba und dem US-Riesen Time Warner, um die Super Density Disc einzuführen. Mit 4,7 Gigabyte Speicherkapazität bietet sie rund 135 Minuten Spielzeit. Das reicht für längere Spielfilme und für verschiedene Sprachfassungen oder Untertitel. Diese Kapazität ist noch ausbaufähig.

3. Weitere Datenträger

Auch die klassische Floppy-Disc, die 3½ Zoll große Diskette, wurde weiterentwickelt, so daß sie sich für kleinere, interaktive Werke eignet. So ist in Deutschland eine Fernsehzeitung im Angebot, in der man sich mittels Suchbegriffen durch das Fernsehprogramm arbeiten kann.

Versuche, kleine, tragbare Computer zum Abspielen diverser Datenträger auf den Markt zu bringen, wie etwa den DATA-Diskman, sind bislang aufgrund geringer Nachfrage gescheitert. Die größte Konkurrenz für CD-ROM und CD-I sind die Computerspiele mit eigenen Spielkonsolen von Anbietern wie Sega oder Nintendo, die inzwischen erheblich mehr Speicherkapazität vorweisen. Doch bei diesem Wildwuchs ohne gemeinsamen Standard hat wieder einmal der Kunde das Nachsehen, denn alle Offline-Systeme können nicht untereinander genutzt werden, sie sind nicht kompatibel. Eine ähnliche Verwirrung hatte es Anfang der achtziger Jahre bei der Einführung von Video mit drei verschiedenen Systemen gegeben, wobei sich am Ende nur VHS durchgesetzt hat.

VI. Transportfahrzeug Electronic Publishing

Electronic Publishing meint im engeren Sinn das Veröffentlichen und Verbreiten gedruckter Werke mit Hilfe elektronischer Medien. Zeitschriften, Zeitungen oder gar Bücher können dadurch über einen Online-Dienst am Bildschirm gelesen werden. Electronic Publishing ist Teil aller Auffahrten zur Information-Highway. Es zeigt sich in mehreren Varianten:

- Die computergestützte Herstellung von Publikationen ist die erste Stufe: Fast alle Autoren von Büchern oder Artikeln arbeiten inzwischen am PC, häufig geben sie

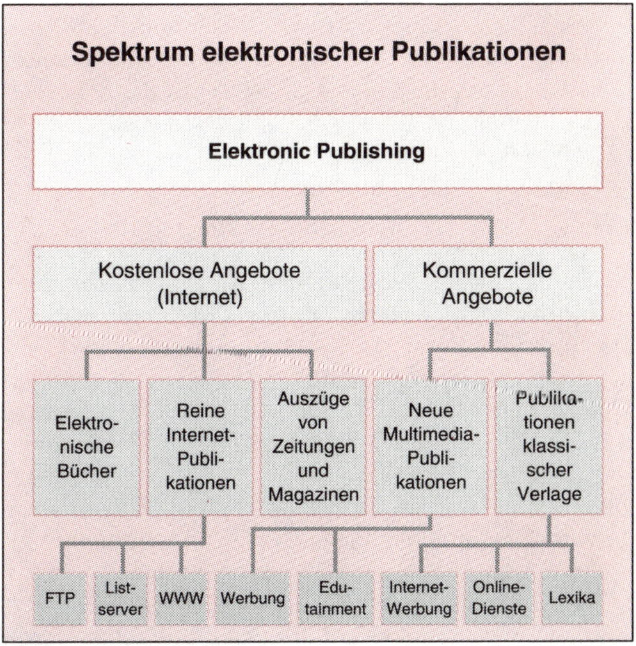

ihre Arbeiten per Diskette an Redaktionen und Verlage weiter oder überspielen ihre Texte und Grafiken online in die Redaktionssysteme. Ähnlich in Redaktionen: Dort entstehen Texte, Layout und Grafiken an hauseigenen Systemen und werden dort auch bearbeitet.

- Die zweite Stufe stellt das Publizieren ohne Papier dar: also wenn Informationen über Diskette, CD-ROM oder Datenbank veröffentlicht und archiviert werden. Ein Beispiel ist das Rechtsinformationssystem juris: Die Entscheidungen einiger Gerichtshöfe werden heute direkt auf Textverarbeitungssystemen erfaßt und in den juris-Rechner überspielt, auf den alle Gerichte, Rechtsanwaltskanzleien, Universitäten und Behörden Zugriff haben.
- Neuartige, elektronische Publikationsformen entstehen auf der dritten Stufe des Electronic Publishing, wenn Text, Grafik, Ton, Animation und Bild in einem Dokument vorliegen. Die CD-ROM ist das bekannteste Ergebnis. Es gibt solche Publikationen aber auch in Netzwerken.

1. Print goes online

Im Internet erscheinen heute zahllose Titel aus Zeitungs- und Zeitschriftenverlagen, davon viele als reine Netz-Publikationen. Andere sind Kurzversionen von Zeitschriften oder deren Inhaltsverzeichnisse. Der Vorteil solcher Teilpublikationen für die klassischen Verlage liegt auf der Hand: Texte, die ohnehin als Computerdateien vorliegen, kommen ohne größeren Aufwand ins Internet und werben für die gedruckten Vollausgaben. Verlage pflegen ihr Image und können über Nutzerstatistiken Rückschlüsse auf das Interesse ziehen.

Einige Redaktionen – wie z. B. die der Berliner tageszeitung – bieten im Internet kostenlos ihre Vollausgaben an, allerdings ohne Bilder und Werbung. Die Zahl der überregionalen Zeitungen und Nachrichtenmagazine, die ganz oder in Ausschnitten online zu lesen sind, wächst ständig. Sie sind entweder im Internet oder über kommerzielle Online-Dienste oder Datenbanken wie Genios abrufbar. Doch die Lektüre und der Ausdruck einer kompletten Tageszeitung würde rund 1.000 D-Mark an Nutzungsgebühren kosten. Über Datennetze ist daher nur die selektive Nutzung sinnvoll. Electronic Publishing über Datennetze kann deshalb aktuelle Zeitungen und Zeitschriften nicht ersetzen; Online-Angebote unterstützen und ergänzen Printtitel.

Einen Schritt weiter geht die Fernsehzeitschrift TV Today: Die Zeitschrift ist im Internet nur die Basis für einen weitergehenden Dienst, The Navigator genannt, durch den Informationen zu den Themen Fernsehen, Film und Musik leichter gefunden werden. Der Leser hat Zugang zu internationalen Presseangeboten, zum Tele-Shoppingcenter The Mall, zu einer TV-Today-Meckerecke und kann schließlich via Bildschirm durch die Hollywood-Studios wandern.

2. Bücher im Internet

Bei den derzeit im Internet frei verfügbaren, elektronischen Büchern handelt es sich meist um Werke verstorbener Autoren, deren Texte urheberrechtlich frei verbreitet werden können. Die Texte sind ohne die Bilder und Fußnoten eingegeben. Eines der größten Vorhaben in diesem Rahmen ist das Projekt Gutenberg, bei dem neue Texte kostenlos erfaßt und archiviert werden. Viele Verlage nutzen die Möglichkeit, um mit Textproben ihrer Bücher kostengünstig Werbung zu machen. Forschungsinstitute, Organisationen und Interessensgruppen schikken dagegen Forschungs- und Arbeitsberichte, Hintergrundmaterialien oder Referate ins Internet, oft mit der

Bitte an ihre Leser, diese sachkundig zu kommentieren. Das erleichtert die Suche nach Informationen, wissenschaftliche Beiträge werden schnell ergänzt oder aktualisiert. Dem stehen jedoch auch große Nachteile gegenüber: Das Lesen langer Texte auf dem Bildschirm ist schwierig und ermüdend. Hinzu kommt, daß die Dateien von Büchern sehr umfangreich sind und entsprechend lange und teure Ladezeiten erfordern.

Ein weiteres Problem stellt die wachsende Menge an Publikationen und ihre Organisation dar. Zwar haben sich einige kommerzielle und private Archiv-Datenbanken entwickelt, die Informationen und Texte aufbereiten, doch auch sie können keinen vollständigen Überblick über alle verfügbaren Bestände geben. Zudem scheitert eine Recherche oft an fehlenden Suchbegriffen, Stichworten und Synonymverbindungen.

Raumprobleme haben elektronische Bibliotheken allerdings nicht, ihre Texte sind ständig präsent und stehen mehreren Nutzern gleichzeitig zur Verfügung. Ein noch ungelöstes Problem ist die ständige Weiterentwicklung von Hard- und Software: Sind Dateien in einem bestimmten Standard gespeichert und wird das Computer-Betriebssystem aus technischen Gründen modifiziert, dann ist es später nur mit sehr großem Aufwand möglich, Dateien wieder lesbar zu machen. Ein einfaches Beispiel: Wer vor Jahren seine Dateien auf 5¹/₄ Zoll-Disketten gesichert hat, wird heute Probleme haben, darauf zuzugreifen, weil sich mittlerweile die Standardgröße von Diskettenlaufwerken geändert hat.

3. Speichermedien

Um multimediale Werke zu speichern, werden heute vor allem CD-ROM verwendet. Eine eigene Software ermöglicht es, sekundenschnell jede beliebige Stelle anzuwählen. Die Informationen können kopiert, in Textprogramme übernommen und dort weiterverarbeitet werden. Die hohe Speicherkapazität und die Verbindung unterschiedlicher Medienformen bieten sich vor allem für Nachschlagewerke an. Rund 7.000 deutschsprachige Titel auf CD-ROM wurden bei der Buchmesse 1995 vorgestellt, 1996 soll sich das Angebot nach Branchenschätzungen mehr als verdoppeln. Vor allem Fachverlage setzen bei Electronic Publishing eher auf CD-ROM als auf Online-Dienste, die sich eher für aktuelle Medien anbieten. Oder sie nutzen eine Kombination aus den beiden: Spezialwissen, das nicht so schnell veraltet, wird zunehmend auf die silbernen Scheiben gepreßt. Auf dem Vormarsch sind CD-ROM auch als elektronische Kataloge, beispielsweise im Maschinenbau und in der Autoindustrie. Hier können nicht nur Einzelteile samt Fotos und ihre Bestellnummern übersichtlicher aufgeführt werden, die silberne Scheibe eignet sich besonders gut zur Übermittlung von Konstruktionszeichnungen, für Messepräsentationen oder zur Demonstration von Funktionsweise oder Fahrverhalten. Stadtpläne und Straßenkarten auf CD-ROM bieten den Vorteil, daß über das Register Zielorte direkt angesteuert und Fahrtstrecken ausgewählt werden können.

Noch sind CD-ROM relativ teuer, die Preise liegen oft über 100 D-Mark. Auch deshalb ist nicht zu erwarten, daß die klassischen Printmedien von den elektronischen verdrängt werden. Momentan werden vor allem elektronische Sprachkurse gut verkauft, für Biographien und Sachbücher auf CD-ROM finden sich nur wenige Leser. Buch, Zeitung und Zeitschrift sind nicht nur preiswert, sondern können überall, immer und flexibel genutzt werden: in der U-Bahn, im Garten, auf Reisen oder im Bett. Für viele Leser haben Bücher zudem einen ästhetischen Wert, sie wollen sie anfassen, mitnehmen, ausstellen. Autoren wollen ihr Werk gedruckt sehen. Print und Elektronik können sich jedoch sinnvoll ergänzen, zumal, wenn die elektronische Version einen Zusatznutzen bietet. Medien mit großen Datenmengen, z. B. Rechtstexte, Lexika und wissenschaftliche Veröffentlichungen, werden sicher langfristig durch elektronische Medien ersetzt werden.

Für Verlage bedeutet Electronic Publishing eine Herausforderung. Sie können sich nicht nur einen neuen Markt erschließen, sondern als Content-Provider auch ihr journalistisches und grafisches Know-how einsetzen, ob in Online-Diensten oder auf CD-ROM. Langfristig können sie sich so zu Multimedia-Unternehmen entwikkeln. Andernfalls besteht die Gefahr, daß Branchenfremde im publizistischen Geschäft Fuß fassen, wie dies beispielsweise das Unternehmen Microsoft versucht, indem es sich vom reinen Software-Hersteller zum Online-Dienst-Anbieter wandelt. Verlegerische Leistungen, wie das Auswählen, Bewerten, Redigieren und Aufbereiten von Informationen, werden außerdem in der stetig steigenden Informationsflut dringend gebraucht – ein Plädoyer für den klassischen Verlag, sich multimedial zu engagieren. Es gibt schon genug unseriöse Anbieter, die »Datenmüll« auf CD-ROM pressen und teuer verkaufen oder die ihre Inhalte in unausgegorenen Programmen aufbereiten und damit den Nutzer enttäuschen. Bislang fehlt dem Käufer die Möglichkeit, sich der Qualität einer CD-ROM zu vergewissern – ein Grund mehr für die erst spärliche Verbreitung der silberenen Scheiben.

VII. Fahrtrichtungen auf der Datenautobahn

Während *Teleshopping* in den USA seit Jahren etabliert ist und auch in vielen europäischen Ländern angeboten wird, steckt diese Dienstleistung in Deutschland noch in den Kinderschuhen. Im Herbst 1995 wurde mit Home Order Television (HOT) von München aus der erste deutsche Einkaufskanal gestartet. HOT ist ein Joint Venture zwischen dem Sender PRO 7 und dem Versandhaus Quelle in Fürth.

1. Teleshopping

Teleshopping wird gepriesen als bequeme, zeitsparende Einkaufsmöglichkeit vom Wohnzimmersessel aus. Kritiker befürchten jedoch, daß einkommensschwache Bevölkerungsgruppen zu unnötigen Käufen verführt werden und daß Teleshopping nicht nur bei älteren und vielsehenden Personen zu Vereinsamung und Realitätsverlust führen könnte. Die Anbieter hoffen hingegen,

Teleshopping

Teleshopping bedeutet Einkaufen am Fernsehgerät. Auf einem eigenen Kanal werden Produkte auf Video vorgestellt und mit Werbetexten oder von Präsentatoren kommentiert. Damit der Zuschauer die angepriesenen Waren direkt bestellen kann, benötigt er eine Verbindung zwischen Fernsehgerät und Rückkanal. In der Regel ist dieser Rückkanal derzeit noch das Telefon. In Zukunft soll die Bestellung per Fernbedienung eingegeben und über das TV-Netz zum Anbieter gesendet werden können.

über das Fernsehen neue Käuferschichten ansprechen zu können, vor allem jüngere Leute, die heute noch nicht per Katalog bestellen.

Via TV

Eine Untersuchung im Großraum München hatte Anfang 1995, vor dem Start von HOT, ergeben, daß 14 Prozent der Kabelhaushalte Teleshopping positiv gegenüberstehen, 46 Prozent waren unentschieden und 40 Prozent lehnten diese Art des Einkaufs ab. Dabei konnte kein Unterschied zwischen Stadt- und Landbevölkerung festgestellt werden. Ausschlaggebend für eine positive Einstellung ist hingegen die Unzufriedenheit mit der persönlichen Einkaufssituation, vor allem aufgrund mangelnder Servicleistungen und strikter Ladenschlußzeiten. Außerdem werden Staus und Parkplatzsuche, Gedränge und Warten in den Geschäften als Störfaktoren beim Einkaufen angegeben. Teleshopping könnte hier Abhilfe schaffen. Negativ zu Buche schlagen beim Bestellen via TV vor allem das fehlende Einkaufserlebnis – man kann die Produkte nicht anfassen, hat keinen Spaß am Einkaufsbummel, trifft keine Leute – sowie das Gefühl, daß durch Teleshopping noch mehr Werbung auf den Bildschirm kommt.

Gegenwärtig können Zuschauer in den Teleshoppingkanälen die Warenpräsentation auf dem Bildschirm nicht beeinflussen. Erst in Zukunft wird man mit der Fernbedienung durch ein konstruiertes Kaufhaus schlendern, interessante Angebote anklicken und genauer betrachten können. Dann wird man auch Kleidung an künstlichen, nach seinen Maßen animierten Modellen anprobieren und dadurch paßgenau bestellen können. Bis dahin müssen die Verantwortlichen jedoch in Deutschland noch einige juristische Probleme lösen. Bei HOT spricht man heute gerne von einem audiovisuellen oder elektronischen Versandhauskatalog. Mit diesem Standpunkt wollen sie eine rechtliche Veränderung des Begriffs Teleshopping erreichen. Denn derzeit gilt Teleshopping als Rundfunk-Veranstaltung und fällt damit unter eine strenge Mediengesetzgebung. Eines der wesentlichen, juristisch relevanten Merkmale des Rundfunks in Deutschland ist sein Beitrag zur öffentlichen Meinungsbildung. Die Betreiber von HOT argumentieren damit, daß Warenkataloge, ob gedruckt oder gesendet, keinen Einfluß auf die öffentliche Meinung haben und daher nicht länger den Rundfunkrichtlinien unterliegen sollten. Teleshopping sollte als Dienstleistung eingestuft und nicht reglementiert werden. Doch nach deutschem und europäischem Recht gilt Teleshopping als Werbesendung und ist deshalb nur eine Stunde pro Tag erlaubt. Warenangebote den ganzen Tag zu senden, wie HOT oder wie der in Großbritannien zugelassene Ableger des US-amerikanischen Senders QVC (Quality, Value, Convinience) es vorhat, können nur durch Ausnahmeregelungen ermöglicht werden.

Die HOT-Gesellschafter rechnen damit, daß sie mindestens 100 Millionen D-Mark investieren müssen, um Teleshopping in Deutschland zu etablieren. Damit sich die Sache lohnt, müssen sie sehr schnell fünf bis sieben Millionen Haushalte erreichen. HOT wird über den Satelliten Astra verbreitet. Die Betreiber drängten auf einen zügigen Start noch 1995, weil die Konkurrenz aus dem Ausland nicht schläft. Sowohl der erfolgreiche US-amerikanische Anbieter QVC als auch der schwedische Teleshop-Anbieter Kinnevik planen deutschsprachige Angebote. Das Marktpotential für Teleshopping wird in Deutschland langfristig auf eine Milliarde D-Mark geschätzt. Davon will sich HOT nach vier bis fünf Jahren Anlaufzeit 300 bis 500 Millionen D-Mark sichern. Zum Vergleich: In den USA werden schon heute fünf Milliarden D-Mark durch Einkaufen am Bildschirm umgesetzt. In Frankreich liegt der Umsatz von verschiedenen Anbietern bei schätzungsweise 200 Millionen D-Mark.

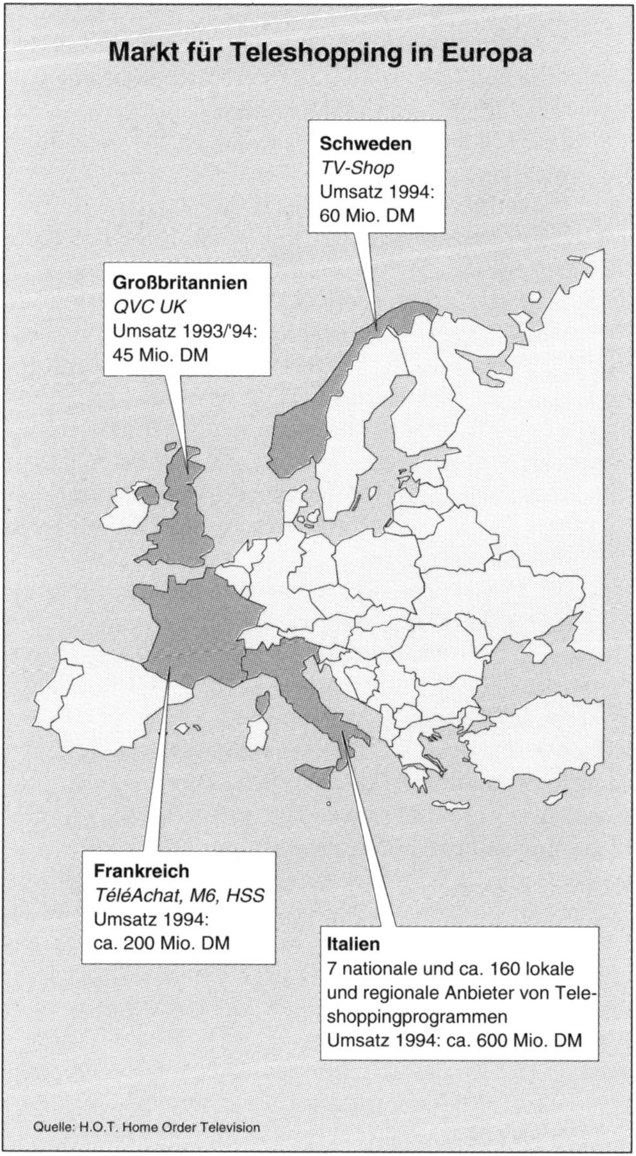
Markt für Teleshopping in Europa
Schweden
TV-Shop
Umsatz 1994:
60 Mio. DM
Großbritannien
QVC UK
Umsatz 1993/'94:
45 Mio. DM
Frankreich
TéléAchat, M6, HSS
Umsatz 1994:
ca. 200 Mio. DM
Italien
7 nationale und ca. 160 lokale und regionale Anbieter von Teleshoppingprogrammen
Umsatz 1994: ca. 600 Mio. DM
Quelle: H.O.T. Home Order Television

Zehn Prozent des künftigen Umsatzes im Handel soll in einigen Jahren über die neuen elektronischen Wege gemacht werden, die die üblichen Vertriebsformen nicht ablösen, sondern ergänzen werden.

Am PC

Homeshopping ist nicht nur über Fernsehen, sondern auch über den Computer möglich, wenn er via Datenleitung an den Rechner eines Versandhauses angeschlossen wird. Elektronischer Bestellservice ist schon heute ein wichtiges Element aller Online-Dienste, etwa im Bereich Hard- und Software. Große Versandhäuser ermöglichen es ihren Kunden überdies, über T-Online zu ordern, auch Reisebüros und Immobilienhändler geben ihre Angebote immer häufiger ins Netz. Ohne Verzögerung läßt sich feststellen, ob ein Pullover in gewünschter Farbe und Größe auf Lager oder ein Hotelzimmer zu einem bestimmten Termin frei ist. Per Knopfdruck oder Mausklick wird bestellt oder gebucht, abgerechnet wird über Kreditkarte.

Noch im Anfangsstadium befinden sich virtuelle Warenhäuser – den amerikanischen Malls nachempfunden –, die es in kommerziellen Online-Diensten, aber auch im Internet gibt. Shoppers Express bei America Online ist dafür nur ein Beispiel. Dort kann man per Computer Dinge des täglichen Bedarfs ordern, von der Frühstückssemmel bis zur Dosensuppe. Sie werden über lokale Partnerunternehmen ausgeliefert. Noch sind die Waren allerdings nicht im Bild zu sehen, sondern nur im Text beschrieben. Die Preise schwanken je nach Lieferant, das gilt auch für die Zustellgebühren. Das Internet Shopping Network bietet 20.000 Produkte von ca. 1.000 Händlern im World Wide Web an. Über die Chancen solcher Angebote wird viel geredet, doch ob sie sich rechnen und wie stark sie genutzt werden, darüber gibt es wenig repräsentative Statistiken.

Einkaufen via Computer – dazu wird auch die CD-ROM genutzt. Im Gegensatz zu den kiloschweren Katalogen der Versandhäuser ist sie handlich und klein und bietet mehr Speichermöglichkeiten. In Deutschland hat sich in der Herbst/Winter-Saison 1994/95 als erstes der Otto-Versand dieses neuen Mediums bedient. Bisher werden allerdings noch nicht alle Präsentationsmöglichkeiten der CD-ROM genutzt, auch ist die notwendige Abspieltechnik noch nicht weit genug verbreitet. Interessant für den Kunden ist die Kombination von Katalog auf CD-ROM und direkter Bestellmöglichkeit vom PC aus via Modem – ein Service, den America Online und Bertelsmann etablieren möchten. Mit Online-Shopping wird – so lauten optimistische Schätzungen – im Jahr 2000 ein Umsatz von bis zu sechs Milliarden DM erzielt werden.

2. Homebanking

Computer und Online-Verbindungen zur Börse sind auf den Schreibtischen von Bankangestellten und Finanzberatern längst zum unentbehrlichen Arbeitsgerät geworden. Inzwischen mußten sich auch die Kunden mit Computerterminals in den Schalterhallen anfreunden, um Geld abzuheben oder ihre Kontoauszüge ausdrucken zu lassen. Die Selbstbedienung in einer Bank soll mittelfristig auf etwa 40 Prozent der Filialfläche ausgebaut werden. Dazu sind spezielle Computerprogramme und hochleistungsfähige Automaten in der Entwicklung, die weit über die heutigen Funktionen des Auszugsdruckens und Geldabhebens hinausgehen.

Über Telefon-Service-Computer hat man schon seit einigen Jahren rund um die Uhr Zugriff auf sein Konto, doch beschränken sich diese Dienste bisher weitgehend auf einfache Geldgeschäfte wie Abfragen des Kontostandes, Überweisungen oder Einrichten von Daueraufträgen. Homebanking über den eigenen PC brachte in

Einkaufen mit elektronischem Geld

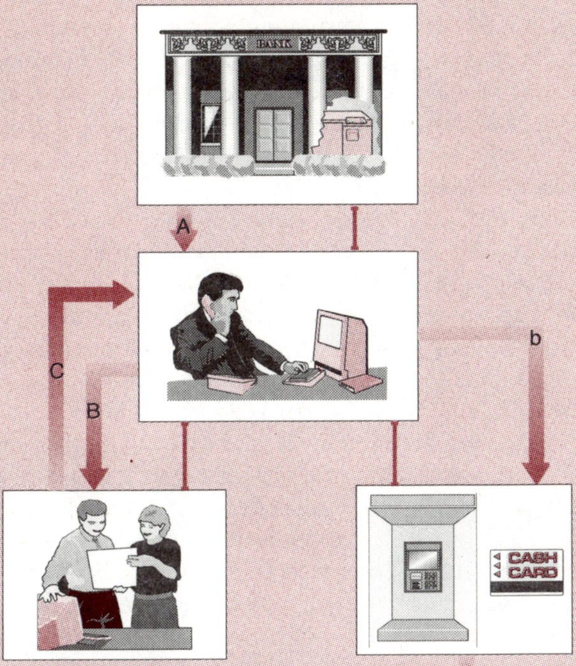

A: Mittels Tele-/Homebanking (E-Mail) transferiert der Kunde "Cyberdollars" von einer elektronischen Bank
B: Der Kunde sendet per E-Mail seinen Auftrag und das elektronische Geld an das Geschäft.
C: Das Geschäft liefert die Bestellung.

b: Von seinem PC transferiert der Kunde Geld auf eine elektronische Geldkarte.
c: Mit dieser Geldkarte zahlt der Kunde im Geschäft.

den letzten Jahren den Durchbruch für Bildschirmtext/Datex-J, das heutige T-Online. Fast alle Banken bieten heute ihren Kunden an, ihre Konten von zu Hause aus zu verwalten. Dazu stellen sie ihnen in der Regel eine eigene Software zur Verfügung. Derzeit werden rund 1,4 Millionen von insgesamt 70 Millionen Girokonten online geführt. Vermehrt gehen Banken auch dazu über, ihren Online-Kunden einen Gebührennachlaß zu gewähren, sparen sie doch durch deren Mehrarbeit selbst Personal und Kosten ein.

Das Ziel von Home- oder Telebanking ist es, daß Bankkunden in Zukunft auch komplexe Geldgeschäfte jederzeit und überall tätigen können, beispielsweise Wertpapier-Transaktionen oder Kreditberechungen. Dazu werden Verbindungen über schmal-, in Zukunft auch breitbandige Datennetze aufgebaut. Denkbar ist, daß schon bald Interessenten zu Hause per Videokonferenz von Experten der Bank beraten werden. Auch diese müssen nicht unbedingt in der Zentrale des Geldinstitus sitzen, sondern können von zu Hause oder ihren Büros zugeschaltet werden. Statt der bisher üblichen Broschüren versenden Banken ihre Statistiken und Grafiken der verschiedenen Anlageformen online. Beim Immobilienverkauf machen Video- und Computermodelle eine Besichtigung des Objektes möglich.

Stärker noch als andere Online-Dienstleistungen ist Homebanking aber auf PC-geübte Kunden zugeschnitten. Die Banken profitieren davon, daß der Kunde einen Teil ihrer Arbeit selbst erledigt. Das Hauptproblem liegt darin, daß alle persönlichen Daten und Transaktionen aus Sicherheits- und Datenschutzgründen vertraulich und geheim bleiben müssen. Dazu werden Paßwörter oder Zugangsnummern benutzt, die sehr umstritten sind. Schon mit der heutigen Kapazität von Computern können nicht nur Hacker schnell mehrstellige Kombinationen knacken.

Das Sicherheitsproblem stellt sich in weit höherem Maße, wenn nicht ein geschlossenes, überschaubares System wie T-Online genutzt wird, sondern Geschäfte im Internet abgewickelt werden. Beim Surfen im Netz fallen jede Menge Kleinbeträge (sogenannte »Micropayments«) beim Abruf kostenpflichtiger Informationen an. Oder es werden Waren bestellt und Dienstleistungen in Anspruch genommen. Doch das Bezahlen im Netz ist noch nicht ausgereift. Georderte Produkte kann man zur Not und mit relativ großem Aufwand per Nachnahme versenden, für den grenzüberschreitenden Warenverkehr ist diese Methode kaum geeignet.

Deshalb werden heute normale Kreditkarten zur Abrechnung genutzt – mit zahlreichen, ungeklärten Sicherheitsrisiken: Schließlich genügen der Name des Inhabers, Nummer und Verfallsdatum der Karte, um damit Mißbrauch zu treiben. Alle Kreditkartenunternehmen und zunehmend auch Banken versuchen daher zur Zeit, Sicherheitssysteme zu erfinden. Im Alltag könnte das beispielsweise so funktionieren: Bei der Bestellung am Bildschirm öffnet sich ein Formularfenster, in das der Kunde seine Daten eingibt. Sie werden automatisch verschlüsselt und online zum Händler geschickt, der das ausgedruckte Formular mit der Kartenfirma abrechnen muß. Wie sicher solche Verschlüsselungssysteme sind, muß sich allerdings erst herausstellen. Nachteilig ist auch, daß der Kunde keinen eigenen Beleg vorweisen kann, wenn etwa Fehler in den Kontoauszügen des Kreditkartenunternehmens auftreten.

Eine andere Möglichkeit besteht darin, die Karteninformationen nicht online, sondern per Telefon oder Fax weiterzugeben, was den Komfort beim Bestellen am Bildschirm allerdings erheblich mindert und auch nicht vollkommen sicher ist. Der Einsatz von Kreditkarten rechnet sich aber nur bei größeren Bestellwerten. Zudem sind sie außerhalb der USA nicht weit verbreitet.

Das alles zeigt: Es fehlt an einem sicheren, komfortablen Zahlungsmittel für Geschäfte in Datennetzen. Mit Hochdruck wird daher an einer eigenen Netzwährung gearbeitet, dem Cyber-Geld. Dabei stellen sich zwei Probleme: Die Sicherheit der Geldübertragung und die Gewährleistung der Anonymität des Käufers. Werden, wie teilweise üblich, Paßwörter benutzt, kann leicht auf die Identität des Bestellers geschlossen werden. Damit kann auf die Dauer seine Privatsphäre gestört werden, denn anhand von Einkäufen und abgerufenen Daten oder Diensten können Experten ein persönliches Nutzerprofil erstellen – ein gefundenes Fressen für Erpresser, Fahnder und Sicherheitsbehörden.

Den wohl bekanntesten und bisher tauglichsten Versuch, dieses Problem zu lösen, unternimmt die holländische Firma Digicash. Ihr virtuelles Zahlungsmittel E-Cash verspricht, die Anonymität des Bezahlers zu wahren. Mit Hilfe einer speziellen Software, client genannt, kann der Computernutzer digitales Geld von seiner konventionellen Bank abheben und auf seinen PC übertragen. In beliebigen Teilbeträgen kann er die Cyber-Bucks nun im Internet ausgeben. Dabei fließt das virtuelle Geld per E-Mail direkt durch das Netz. Gegen Mißbrauch ist E-Cash durch ein doppeltes Verschlüsselungssystem gesichert, zum einen beim Bankkunden, zum anderen durch eine Signatur der Cyber-Bucks. Das System wurde in einem Feldversuch mit einer Million Dollar Spielgeld erfolgreich getestet. Mehrere Banken interessieren sich für die Technologie, doch noch beteiligt sich keine konkret daran. Kritisiert wird vor allem die vollkommene Anonymität, die ihrem Erfinder David Chaum zufolge den gläserenen Konsumenten verhindern soll, andererseits aber Geldwäsche ermöglicht.

Diesen Nachteil will der Ansatz von Cybercash ausschalten: Dabei muß der Nutzer zunächst ein Konto bei einer Partnerbank eröffnen, die die Finanztransaktionen in Kombination mit einer persönlichen Geheimnummer durchs Netz schleust. Voraussetzung für Cybercash ist, daß auch der Netzhändler über die passende Software verfügt. Jeder Käufer ist bei dieser Technik eindeutig identifizierbar. Die US-Handelsbank Wells Fargo machte sich als erste dieses System zu eigen.

Während die meisten Banken noch über den Schritt in die digitale Finanzzukunft nachdenken, ist 1994 das erste virtuelle Finanzinstitut im Internet entstanden, die First Virtual Holding. Sie hat, in Kombination mit herkömmlichen Kreditkarten, eine Art Internet-Kreditkarte kreiert, die allerdings aufgrund mehrerer Sicherheitsschritte sehr aufwendig zu handhaben ist.

Neben Cyber-Geld für Computernetzwerke ist eine zweite Form elektronischen Geldes in der Entwicklung: Geld auf Chip- oder Smartcards, auch elektronische Geldbörse genannt. Dabei kann auf eine mit einem Mikroship versehene Karte ein bestimmter Geldbetrag geladen werden, der dann, ähnlich einer Telefonkarte, bei jedem Kauf nach und nach verbraucht wird. Das Wiederaufladen kann entweder an speziellen Geldautomaten erfolgen oder, wie beim System von E-Cash und Cybercash, über den Computer laufen. Pilotversuche mit der elektronischen Geldbörse laufen in Großbritannien und in Ravensburg (Deutschland). Sie ist vor allem für kleine Beträge gedacht, für die sich der Einsatz von Kreditkarten nicht lohnt.

3. Teleworking

Wenn der einzelne per Computer und Datenleitung beliebig mit anderen vernetzt werden kann, hat dies auch Folgen für die Organisation der Arbeitswelt. Online mit-

Teleworking

Teleworking, das Arbeiten an Bildschirm und Computer und mit Hilfe von Informations- und Kommunikationstechniken, ist eine Möglichkeit, Arbeitsplätze zu dezentralisieren. Arbeitnehmer führen dann den größten Teil ihrer Tätigkeiten räumlich getrennt vom Arbeit- oder Auftragsgeber durch.

einander verbunden, könnten viele künftig ihre Arbeit von zuhause aus am PC leisten, ohne wie gewohnt in die Firma oder ins Büro gehen zu müssen. Es gibt Prognosen, die genau dies vorhersagen. Doch nicht alle Aufgaben und nicht alle Arbeitsplätze eignen sich für *Teleworking*, und so werden in Zukunft wohl mehr, aber keinesfalls die meisten Arbeitsplätze aus Büros und Firmen ausgelagert werden.

Gerade am Arbeitsplatz kann sich der Einsatz von Multimedia schnell entwickeln, sind dort doch die technischen Voraussetzungen bereits gegeben: Ein hoher Ausstattungsgrad mit Computern kombiniert mit der Fähigkeit, damit umzugehen. Außerdem sind viele Betriebe bereits mit Schwesterfirmen, Zulieferern, Partnerbetrieben vernetzt und haben Teile ihrer Aufgaben zu den Filialen oder Fremdfirmen ausgelagert.

Möglichkeiten

Die entscheidenden Stichworte heißen Mobilität und Flexibilität. Kann jede Art von Datenmaterial einmal zu jeder Zeit und fast überall abgerufen und eingespeist werden, sind Arbeitsplätze mobil. Teleworking ist dabei nicht mit Tele-Heimarbeit gleichzusetzen. Wahrscheinlicher ist, daß Mitarbeiter abwechselnd in der Zentrale, einer Zweigstelle, zu Hause oder unterwegs arbeiten. Diese alternierende Telearbeit soll sowohl dem Wunsch der Arbeitnehmer nach Selbstgestaltung als auch dem Bedarf der Arbeitgeber nach flexiblem Arbeitseinsatz entgegenkommen. Derzeit stößt dies allerdings durch unterschiedliche Übertragungsstandards und fehlende Normen, beispielsweise für Anschlußstecker an Laptops (tragbare Computer), Faxgeräte etc., oder beim grenzüberschreitenden Datentransfer noch schnell an praktische Grenzen. Drei verschiedene Formen der Telearbeit bilden sich derzeit heraus:

- Der ausgelagerte Arbeitsplatz: Eine Tätigkeit wird dauerhaft auf denzentrale Einheiten verlagert, es entstehen Tele-Heimarbeitsplätze oder kleine Büroeinheiten. Man arbeitet allein oder mit anderen außerhalb des Betriebs, beispielsweise in Filialen oder in Nachbarschaftsbüros, wo Angestellte verschiedener Unternehmen unter einem Dach zusammenarbeiten. Daraus können sich Tele-Workcenters entwickeln, in denen Räumlichkeiten mit kompletter Telekommunikationsinfrastruktur gemietet werden können.
- Der Arbeitsplatz unterwegs: Zeitlich begrenzt wird, beispielsweise anläßlich einer Konferenz oder einer Inspektionsreise, mit einem Laptop und per Modem auf die Datenbestände und Rechnerkapazitäten der Zentrale zugegriffen. So lassen sich Lagerbestände überprüfen, Kundenkarteien abrufen und Besprechungsergebnisse weitergeben. Der Arbeitsplatz auf Reisen ist heute schon Realität, denn immer mehr öffentliche Einrichtungen – Hotels, Kongreßzentren, Flughäfen – halten solche Telekommunikationsanschlüsse bereit. Im Entstehen sind auch sogenannte Teleports, ähnlich einer erweiterten Telefonzelle, von denen aus PC, Fax, Telefon und Modem genutzt werden können.
- Der bewegliche Arbeitsplatz: Gewohnte Betriebs- und Bürostrukturen lösen sich auf, denn ein Standort und

Zugriffsmöglichkeiten auf ein festes Netz sind nicht mehr notwendig. Durch den Aufbau eines flächendekkenden Datenfunknetzes kann via Datenhandy von überall aus Verbindung mit Mitarbeitern, Rechnern und Datenspeichern aufgenommen werden, um Informationen abzurufen oder einzuspeisen. Die Realisierung dieser Stufe der totalen Informationsgesellschaft liegt jedoch noch in weiter Ferne und noch ist nicht geklärt, ob sie sich je verwirklichen läßt.

Exakte Angaben über die heutige Verbreitung von Telearbeit sind schwierig, weil viele Firmen damit zwar experimentieren, sich aber nicht in die Karten schauen lassen. Denn teilweise sind die damit verbundenen rechtlichen Probleme noch ungelöst, vor allem seitens der Gewerkschaften gab und gibt es noch erhebliche Vorbehalte. Die Vereinsamung der Arbeitenden wird als Problem gesehen, verbunden mit fehlenden Möglichkeiten, sich mit Kollegen auszutauschen oder zu solidarisieren. Auch die Regelung von Arbeitszeiten und nötiger Mehrarbeit sind strittig, ebenso die Koordination von Arbeits- und Produktionsvorgängen.

Eine der zentralen Erkenntnisse von Verantwortlichen des Computer-Unternehmens IBM, das in Deutschland Vorreiter des Teleworking ist, lautet daher: Telearbeit, in welcher Ausprägung auch immer, muß auf Freiwilligkeit der Teleworker beruhen. Einer aktuellen Untersuchung zufolge hat zumindest die Aufgeschlossenheit gegenüber Telearbeit in den letzten zehn Jahren erheblich zugenommen. Trotzdem ist das Interesse in Deutschland im Vergleich zu anderen europäischen Ländern nach wie vor gering. Darin dokumentiert sich nicht zuletzt die von Befürwortern der Information-Highway auch in anderem Zusammenhang häufig beklagte Technik-Skepsis der Deutschen. Fachleute gehen davon aus, daß sich etwa 40 Prozent aller Arbeitsplätze im Dienstleistungssektor für Teleworking eignen, das wäre europaweit ein Potential von etwa zehn Millionen, davon 2,5 Millionen in Deutschland.

Derzeit sind in Europa allerdings erst etwa 1,25 Millionen Telearbeitsplätze realisiert. Davon gibt es die meisten, ca. 560.000, in England, nur schätzungsweise 150.000 in Deutschland. In den USA sind rund sechs Millionen Menschen als Teleworker beschäftigt. Die zögerliche Nutzung liegt nach Einschätzung von Experten vor allem an den zu geringen Kenntnissen in den Führungsetagen. Manager und Unternehmer wüßten zu wenig, welche Möglichkeiten und Chancen sich hinter dem Schlagwort Telearbeit verbergen. Eines hat sich jedoch schon jetzt herausgestellt: Teleworking wird nicht in dem Maße wie erhofft und nötig neue Arbeitsplätze schaffen.

Erfahrungen

Neben zahlreichen, in der Öffentlichkeit weitgehend unbekannten kleinen Versuchen, Arbeitsplätze mit Hilfe von Computern und Telekommunikation auszulagern, gibt es in Deutschland nur wenige große Firmen, die Telearbeit erproben. Dazu gehören Versicherungen und Autohersteller, aber auch kleinere Handelsfirmen. Am meisten Erfahrung hat sicher IBM. Das Unternehmen, das bereits 1987 mit einem Projekt startete und dies auch wissenschaftlich begleiten ließ, beschäftigt in Deutschland rund 500 Teleheimarbeiter; außerdem sind etwa 650 Außendienstmitarbeiter mit Laptops oder Notebooks als mobile Telearbeiter unterwegs.

Grundlage ihrer Arbeit ist eine Betriebsvereinbarung zwischen Geschäftsführung und Gesamtbetriebsrat von IBM über außerbetriebliche Arbeitsstätten aus dem Jahr 1991. Damit wurden Vorbehalte von Gewerkschaftsseite und juristische Probleme ausgeräumt. Ihre wesentlichen Regelungen:

- Die Teilnahme am Teleworking-Projekt ist freiwillig, sie kann von Mitarbeiter- oder von Unternehmensseite angeregt werden.
- Der Status des Arbeitnehmers ändert sich nicht, er erhält alle tarifvertraglichen Leistungen wie Urlaubsgeld, Lohnfortzahlung im Krankheitsfall etc.
- Die Teleworker führen eigenverantwortlich ein Arbeitstagebuch.
- Arbeitsmittel werden vom Unternehmen gestellt. Mit einer Monatspauschale von derzeit 40 D-Mark werden Aufwendungen für Energie, Reinigung etc. abgegolten.

Vor Einrichtung eines Teleheimarbeitsplatzes wird geprüft, ob sich Tätigkeit und Mitarbeiter dafür eignen. Die Beschäftigten, die ihren Arbeitsplatz nach Hause verlegen, sollten schon länger im Unternehmen arbeiten, damit eine starke Bindung an die Firma besteht und ihr Arbeitsverhalten eingeschätzt werden kann. Vom Psychologischen Institut der Universität Tübingen nach den Vorteilen von Teleworking befragt, gaben 75 Prozent der IBM-Mitarbeiter private Gründe an, ein Drittel berufliche Ursachen – beispielsweise die günstigeren Kommunikationsverbindungen in die USA während der Abendstunden.

Einer der wichtigsten Pluspunkte, die in der Regel für Telearbeit angeführt werden, ist die geringere Umweltbelastung durch weniger Verkehr, Stau und Streß auf dem Weg zu Arbeit. Volkswirtschaftlich gesehen fällt dies allerdings noch nicht ins Gewicht – die Zahl der Teleworker ist zu klein. Doch für den einzelnen spielen Umweltschutzgründe für den Wechsel der Arbeitsweise durchaus eine Rolle.

Für die durchweg positiven Erfahrungen mit Telearbeit bei IBM – Begleitstudien stellen Zufriedenheit sowohl auf Unternehmensseite wie seitens der Beschäftigten fest – werden vor allem folgende Faktoren angeführt: Mitarbeiter können zu Hause ungestörter arbeiten, ihren Arbeitsrhythmus der persönlichen Leistungskurve anpassen, sie fühlen sich in ihrer persönlichen Umgebung wohler, Beruf und Familie lassen sich besser vereinbaren. Aus der daraus resultierenden größeren Zufriedenheit folgen wiederum bessere Arbeitsergebnisse.

Auf regelmäßigen Kontakt zwischen den internen und den externen Arbeitnehmern wird bei IBM großer Wert gelegt. In der Regel findet einmal pro Woche eine Besprechung in der Firma statt, bei der auch die sozialen Kontakte gepflegt werden. Psychologisch wichtig ist außerdem, daß der Telearbeiter auch noch eine Arbeitsmöglichkeit im Betrieb hat.

Eine entscheidende Frage bei der Einrichtung von Telearbeitsplätzen ist die Kosten-Nutzen-Relation. IBM rechnet für die Installation eines elektronischen Heimarbeitsplatzes mit Kosten zwischen 6.000 und 30.000 D-Mark, andere Berechnungen gehen von bis zu 40.000 D-Mark aus. Hinzu kommen laufende Kosten für Datenübertragung und Wartung. Der Nutzen läßt sich weniger deutlich mit Zahlen belegen – ein Grund, warum viele Unternehmen dem Teleworking so zurückhaltend begegnen. Als Vorteile werden eher qualitative und emotionale Kriterien genannt:

- Kreativität ist nicht mehr an fixe Arbeitszeiten gebunden.
- Die Produktivität des einzelnen läßt sich durch eigene Zeiteinteilung erhöhen.
- Telearbeitsplätze werden von Mitarbeitern als Bonus empfunden, als nicht-materieller Anreiz, der die Motivation erhöht.
- Qualifizierte Arbeitnehmer können trotz Familie dem Betrieb erhalten bleiben.
- Der Service kann gesteigert werden, etwa die Rufbe-

reitschaft für aktuelle Probleme, beispielsweise bei Computersystemen. Das erhöht wiederum das Image beim Kunden.
- Durch Telearbeit lassen sich Produktionsabläufe innerhalb des Betriebs straffen und Hierarchien abbauen, ohne daß Arbeitsplätze komplett ausgelagert oder abgebaut werden.

Zu den quantifzierbaren Faktoren, die zugunsten von Teleworking sprechen, gehören:

- Reduzierung von Büroflächen.
- Der Wegfall von Fahrtzeiten, Außendienstmitarbeiter müssen für administrative Tätigkeiten nicht mehr in die Zentrale kommen.
- Überstunden im Bereitschaftsdienst können reduziert werden.
- Rechnerkapazitäten können besser ausgenutzt werden, beispielsweise für aufwendige Simulationen außerhalb der Spitzenzeiten.
- Billigere Übertragungszeiten können ausgenutzt werden, beispielsweise bei internationaler Datenübertragung.

Die Nachteile dieser Form von Arbeitsorganisation: Ein Teleworker ist völlig kontrollierbar – jede Leistung, die er am Computer erbringt, läßt sich in bezug auf Zeit, Fehlerhäufigkeit etc. überprüfen. Der Kontakt zu Kollegen fehlt, trotz gelegentlicher, persönlicher Abteilungsbesprechungen. Absprachen, gegenseitige Hilfe, Vertrautheit mit den Aufgaben des anderen lassen sich nur teilweise per E-Mail und Telefon ausgleichen.

Ausbau

Durch neue Technologien lassen sich einige dieser Nachteile beheben: So bieten etwa Videokonferenzen oder das neuere *Teleconferencing* eine Möglichkeit, Rei-

Teleconferencing

Beim Teleconferencing werden Bildtelefon, Fax und Computer für zwei oder mehrere Personen zusammengeschaltet. Die Teilnehmer reden miteinander, sehen sich auf dem Bildschirm und können sich darauf Daten, Unterlagen, Pläne, Notizen zugänglich machen. Inzwischen gibt es Multimedia-Ausstattungen mit Videokamera, Ohrhörer, Mikrofon und spezieller Software, die den PC für das Teleconferencing aufrüsten.

sekosten und Zeit zu sparen und sich dennoch persönlich anzusprechen. Dabei schalten sich die Teilnehmer direkt via Datenleitung zu einer Diskussionsrunde zusammen.

Nicht nur Besprechungen, sondern eine echte Zusammenarbeit über räumliche und zeitliche Entfernung hinweg erlauben die *Telekooperation*. Menschen, die am gleichen Projekt arbeiten, können sich ebenfalls über Computer und Datennetz zusammenschalten, ob sie ein

Telekooperation

Bei der Telekooperation haben alle Beteiligten Zugriff auf die gleichen Daten, Texte oder Programme. Sie können auf dem Bildschirm jeden Eingriff, jede Änderung durch ein Mitglied der Gruppe sehen und ihrerseits kommentieren oder ergänzen. Das ganze läuft parallel oder zeitversetzt ab. Inzwischen erstellt man auf diese Art Programme, Unterlagen, Forschungsberichte, Konstruktionszeichnungen (Tele-Engineering). Das Ganze wird zusammengefaßt unter dem Begriff Computer Supported Cooperative Work (CSCW).

Stockwerk tiefer, in einem kilometerweit entfernten Zweigwerk oder in einer Tochtergesellschaft auf einem anderen Kontinent sitzen.

Fernziel der Telekooperation: Für jede Aufgabe bilden sich Teams aus Mitarbeitern mit den optimalen Qualifikationen. Es gibt nur noch wenige angestellte Beschäftigte, die Regel sind dagegen freie Mitarbeiter, die sich zu ständig neuen Projektgruppen zusammenfinden. Positiv betrachtet, könnte dies ein Aufbrechen von Hierarchien, mehr Selbstverantwortung, mehr Kreativität und höhere Arbeitszufriedenheit bedeuten.

Negativ zu Buche schlägt, daß sich nicht jeder in diese selbständige Arbeitsweise einfinden kann. Sie erfordert schließlich das ständige Anbieten von Wissen und Kompetenzen, setzt Organisationstalent, Offenheit sowie Kommunikationsfähigkeit voraus und insbesondere das permanente Verkaufen der eigenen Arbeitskraft ohne soziale und finanzielle Absicherung. Vor allem ältere Arbeitnehmer, für die der Umgang mit den neuen Techniken sowieso nicht selbstverständlich ist, wären schnell ausgegrenzt. Generell hängt der Erfolg von Telearbeit und Telekooperation weniger von der neuen Technik ab, denn von der Akzeptanz bei den betroffenen Arbeitnehmern. Dazu gehören, wie die Erfahrungen von IBM zeigen, auch die Einbindung in den Betrieb und die ausreichende soziale Absicherung.

In der Zukunftsvision der Telearbeit lösen sich festgefügte Strukturen auf oder entstehen erst gar nicht. Es gibt keinen festen Firmensitz, keine Zentrale mit Büros. Die Mitarbeiter sind per Daten-Highway miteinander verbunden und arbeiten projektbezogen in Teams. Eine virtuelle Firma entsteht, die Gebäude, Büros, Empfang, Telefonzentrale, Briefkasten und andere reale, äußere Merkmale nicht mehr braucht. So etwas wie Loyalitäts- oder Zusammengehörigkeitsgefühle kommen dann allerdings – noch ein Nachteil – nicht mehr zustande.

Industrievertreter hoffen, daß die Möglichkeiten der Information-Highway einen Teil des Arbeitsplatzabbaus im verarbeitenden Gewerbe ausgleichen hilft. 2,2 Millionen Arbeitsplätze gingen allein in Westdeutschland von 1970 bis 1993 verloren. Positive Schätzungen gehen davon aus, daß in den nächsten fünf bis zehn Jahren in Europa bis zu zehn Millionen neue Arbeitsplätze im Bereich Medien und Information geschaffen werden: für Teleworking, in der Medienindustrie und im Dienstleistungssektor. Realistische Prognosen rechnen gerade mal mit fünf Millionen. Offen bleibt, wie viele Arbeitsplätze durch Rationalisierung aufgrund der neuen Technologien verloren gehen. Kritiker befürchten, daß dieser Abbau traditioneller Beschäftigungsmöglichkeiten durch die neuen Arbeitsplätze nicht aufgewogen werden kann.

Nachdem die Info-Autobahn Arbeitsplätze unabhängig vom Standort macht, zeichnen sich auch international zwei gegenläufige Entwicklungen ab: Die westlichen Industrienationen bieten ihr Wissen und ihre Dienstleistungen inzwischen weltweit an. Auf der anderen Seite wird die Produktion in Billiglohnländer verlagert – soweit dort Technik und Ausbildung vorhanden sind. Bereits jetzt wird dies bei der Eingabe großer Datenmengen praktiziert, die in der Dritten Welt zu Bruchteilen der hiesigen Stundenlöhne erfolgt. Auch Ingenieurleistungen werden beispielsweise in Indien eingekauft und in Telekooperation mit den Auftragsfirmen ausgeführt.

4. Telelearning

Computer und Bildschirm werden in wenigen Jahren auch aus der Aus- und Fortbildung sowie aus Schulen nicht mehr wegzudenken sein. Dabei sind alle möglichen Themen als Lernstoff denkbar: Sprachen ebenso wie kreative Hobbytechniken, Konstruktions-Anleitungen oder Schulabschlüsse. Auch das Fernlernen wird

Edutainment

Edutainment ist eine Wortverbindung aus »education« (Erziehung) und »entertainment« (Unterhaltung). Edutainment-Programme versuchen, Lernstoffe spielerisch und unterhaltsam aufzubereiten. Sie wenden sich vor allem an die Altergruppe der Drei- bis Zwölfjährigen, aber auch an Erwachsene. In den USA gehört Edutainment zu den am schnellsten wachsenden Zweigen der Softwarebranche.

Kosten, Anfahrt- und Fehlzeiten vermeiden helfen. Prinzipiell ist es auch realistischer, sich mit einem Lehrer online zusammenzuschalten. Der Austausch mit Mitschülern erfolgt übers Netz.

Die meisten Lehrangebote laufen unter dem Schlagwort *Edutainment.* Beim Multimedia-Sprachkurs etwa sind die Übersetzungen nicht nur zu lesen, sondern auch zu hören. Szenen aus dem Alltag sind nachvollziehbar, beispielsweise der Versuch, in einer ausländischen Telefonzelle zurecht zu kommen. Wer für den Führerschein paukt, kann Verkehrssituationen durchspielen, und im Automechaniker-Kurs können Handgriffe per Video demonstriert und Klopfgeräusche in typischer Lautstärke hörbar gemacht werden.

Doch die meisten *Telelearning*-Ideen sind in Deutschland noch Zukunftsmusik: Derzeit steht nach Angaben des Bundesbildungsministeriums nur für zwei bis drei Prozent der Schüler ein PC zu Verfügung, nur zehn bis zwanzig Prozent der Lehrer nutzen elektronische Bildungsangebote. Daß die meisten Kinder dennoch hervorragend – und oft besser als ihre Lehrer – mit neuen Medien umgehen können, liegt am Angebot elektronischer Spiele und privater Heimcomputer. Das große Interesse, die Neugier und Begeisterungsfähigkeit von

Kindern und ihr leichter, spielerischer Umgang auf der Information-Highway sollen sie mit entsprechender Software zu verantwortungsvoller, kritischer und kreativer Nutzung der neuen Medien hinführen.

Um die Medienkompetenz bei Lehrenden und Lernenden zu verbessern, haben die Bertelsmann Stiftung und die Heinz Nixdorf Stiftung im Sommer 1995 eine breit angelegte Initiative gestartet. Moderne Medienpädagogik ist bislang lediglich in Einzelprojekten ausprobiert worden – von der Ausstattung einzelner Schulen mit PC-Arbeitsräumen über die Vernetzung von Universitäten bis zu Videofilmprojekten in Freizeitgruppen. Das Projekt »Bildungswege in der Informationsgesellschaft« (B. I. G.) soll hingegen bis zur Jahrtausendwende allgemein anwendbare Grundlagen für Medienpädagogik und das Lernen mit neuen Medien erarbeiten. Die Ziele von B. I. G.:

– Schwerpunkt Schule: Während der Ausbildung von Lehramtsstudenten an der Universität Paderborn wird mehrere Semester lang erprobt, wie Lehrer sich für den Einsatz neuer Technologien im Unterricht in

Telelearning

Beim Lernen ist es besonders sinnvoll, verschiedene Medien wie Text, Bild, Sprache, Musik, Video und Daten miteinander zu kombinieren. Lernprogramme für den Computer laufen derzeit vor allem auf CD-ROM. Und künftig wird man sie sich auf der Datenautobahn auch aus elektronischen Archiven abrufen können. Telelerarning macht Bildung unabhängig von Zeit und Ort. Es wird von Firmen zunehmend auch für die Weiterbildung ihrer Mitarbeiter eingesetzt.

Theorie und Praxis qualifizieren. Die Ergebnisse sollen danach bundesweit allen Pädagogikstudenten angeboten werden. Parallel dazu wird ein Fortbildungsprogramm »Grundbildung Medien« erarbeitet, das Lehrer in allen Schulstufen und quer durch alle Fächer einsetzen können. Ziel ist der dauerhafte Aufbau eines Beratungssystems für den effektiven Medieneinsatz im Unterricht.

- Schwerpunkt Hochschule: An drei Universitäten wendet man neue Medien in Wissenschaft und Lehre an. Simulationen, elektronische Bibliotheken und Datenbanken sowie Fernlehrgänge kommen zum Einsatz. Angestrebt wird ein internationales Trainingsprogramm und Beratungsnetz für Hochschullehrer.
- Schwerpunkt Industrie: Kooperationen mit Medienproduzenten sollen dazu führen, daß Edutainment- und Bildungsprogramme sozialverträglich, kindgerecht, nach pädagogischen und ethischen Standards hergestellt werden. Ziel ist eine Selbstkontrollinstanz der Medien- und Kommunikationsindustrie.

Neben diesem Großprojekt erproben auch andere Vorhaben den sinnvollen Einsatz von Telelearning. Den bekanntesten Versuch unternimmt das Comenius-Projekt in Berlin, wo fünf Schulen miteinander vernetzt worden sind und Zugang zu Datenbanken bekommen haben. Seit dem Schuljahr 1995/96 können Schüler schulübergreifend an Unterrichtsprojekten arbeiten, Lehrer und Eltern kommunizieren via Bildschirm miteinander. Auch mit diesem sieben bis acht Millionen D-Mark teuren Pilotprojekt soll herausgefunden werden, wie der Einsatz von Multimedia Lernprozesse fördern und Gestaltungsspielräume vergrößern kann.

Die Unterrichtsschwerpunkte liegen dabei auf ökologischen Themen, auf stadtteilbezogenen Fragestellungen sowie im musisch-ästhetischen Bereich. Die Schüler können Dokumente von Datenbanken abrufen, gemeinsam bearbeiten und mit den Ergebnissen ihrer Projektarbeit ergänzen. Sie können Videokonferenzen abhalten, Mailboxen nutzen oder sich in andere Netze schalten.

Überfüllte Universitäten gehören der Vergangenheit an, wenn Studenten – wie derzeit an mehreren Hochschulen erprobt – die Ausführungen ihres Professors am Bildschirm verfolgen, indem sie auch durch Nachfragen unterbrechen und Standpunkte kommentieren können. Das Gehörte vertiefen sie via Information-Highway durch Schaubilder, Grafiken, Tabellen, Illustrationen oder Aufgaben. Die Universitäten Mannheim und Heidelberg arbeiten seit 1995 zusammen, indem sie Vorlesungen von der einen in die andere Stadt übertragen. So müssen Dozenten nicht mehr zwischen den Städten pendeln und beide Hochschulen können ihren Fächerkanon erweitern.

Professoren müssen künftig ihren Vorlesungsstoff sehr viel aufwendiger aufbereiten, wollen sie Material als Video-Clip, Animation oder Simulationsprogramm mit Interaktionsmöglichkeiten in den Unterricht eingespielen. Gewöhnungsbedürftig ist allerdings auch diese neue Art des Lernens. Die Studenten müssen Hemmungen abbauen, einem unbekannten Dozenten auf dem Bildschirm Fragen zu stellen. In einem weiteren Entwicklungsschritt wird auch der individuelle Abruf von Vorlesungsteilen möglich sein. Ähnliche Versuche laufen zwischen den Schweizer Hochschulen Bern und Fribourg sowie zwischen den Universitäten in Karlsruhe und Freiburg, wo im Bereich Wirtschaftswissenschaften und Informatik Computerarbeitsplätze, sogenannte Workstations, miteinander vernetzt wurden.

Am anderen Ende der Bildungsleiter gibt es ebenfalls Pilotprojekte: So ist in München 1995 der erste deutsche Futurekids Shop eingerichtet worden, ein kommerzielles Computer-Lerncenter für Kindergartenkinder, Schüler und Jugendliche. Bereits Dreijährige lernen, mit Maus und Disketten umzugehen. Schulkinder rufen Lernprogramme auf und entwickeln selbst Programme. Sobald sie eine Fremdsprache beherrschen, können sie via Internet elektronische Brieffreundschaften in Spanien, USA oder Mexiko schließen. So will man Kinder spielerisch an die Computertechnik heranführen – ein Lernspaß, der die Eltern allerdings einiges Geld kostet.

Die Chancen von Telelearning liegen darin, Bildung für alle anzubieten. Über Computer kann Wissen aktuell, individuell und ökonomisch vermittelt werden. Doch dabei muß die gleichmäßige Ausstattung mit Hard- und Software, mit Computern und Programmen gewährleistet sein. Und jeder muß, unabhängig von Bildungs- und Einkommensschicht, Zugangsmöglichkeit zur neuen Medienwelt haben. Sonst wächst die schon vorhandene Wissenskluft zwischen Arm und Reich, zwischen Gebildeten und medialen Analphabeten, zwischen Industrienationen und Entwicklungsländern. Aber auch daran krankt die schöne neue Medienwelt. In den USA wurde jedenfalls schon der Ausdruck der »Have and Have nots« (Wohlhabende und Habenichtse) kreiert: Jene, die Zugangsmöglichkeiten zur Information-Highway haben, und jene, die vor ihrer Haustür vergeblich eine Daten-Auffahrt suchen.

5. Telespiele

Telespiele werden heute in jedem dritten deutschen Haushalt genutzt. Sie laufen über die kleinen Displays der Gameboys, über Spielkonsolen, die an den Fernsehapparat angeschlossen werden, und immer häufiger über den Computer. Seit vor knapp 20 Jahren das erste, simple Tennis-Spiel für den TV-Bildschirm auf den Markt kam, hat sich dieser Industriezweig stürmisch fortentwickelt und steht nach Meinung von Kennern vor einer neuen Revolution: Die künstliche Spielwelt soll dreidimensional werden.

Offline-Technik: Konsolen und PC

Seit den Rekordumsätzen 1993 ist der Boom allerdings erst einmal abgeflaut. Der Markt ist gesättigt, das Interesse ist erlahmt. Allein in Deutschland wurden seit 1990 mehr als vier Millionen Gameboys verkauft, der Anteil von Videospielen am gesamten Spielzeugmarkt ist 1994 von 15 auf unter zehn Prozent gesunken. Deshalb wird versucht, durch neue Geräte das Spielefieber wieder zu aktivieren. Dabei setzt die Branche längst nicht nur auf den Verkauf von Spielesoftware, ihre Hauptgewinne macht sie mit dem Absatz immer neuer, weiterentwickelter Hardware-Technik. Dabei bekommen die beiden japanischen Branchenführer Nintendo und Sega Konkurrenz, denn der Elektronikriese Sony drängt in den lukrativen Markt. Ein ruinöser Preiskrieg ist zwischen den internationalen Anbietern der elektronischen Spielebranche entbrannt.

Es geht um die Einführung immer besserer, immer schnellerer Konsolen, die mit ihren komplexen Grafikdarstellungen selbst professionelle PCs in den Schatten stellen. Nach den derzeit üblichen 16-Bit-Konsolen kommen jetzt die 32-Bit-Maschinen auf den Markt, deren Bildschirmdarstellungen so realitätsnah sind, wie dies bisher nur bei Großgeräten in Spielhallen der Fall war. Newcomer Sony will eingeführte Anbieter wie Sega, Panasonic oder Atari mit seiner Neuentwicklung Playstation ausstechen, für deren Markteinführung allein 1995 und 1996 rund 80 Millionen D-Mark Werbe- und Marketinggelder ausgegeben werden sollen. Zwar bewerben alle Unternehmen lautstark die technischen Unterschiede ihrer Geräte, das Gemeinsame ist allerdings der Preis: Um die 600 D-Mark wollen sie für ihre 32-Bit-Konsolen haben. Noch leistungsfähigere Chips will Nintendo einsetzen, das den Generationenwechsel von der 16- zur 32-Bit-Konsole verpaßt hat und bereits die Einführung der 64-Bit-Technologie für das Frühjahr 1996 vorbereitete. Der neue Nintendo-Player wurde gemeinsam mit der renommierten Computerfirma Silicon Graphics entwickelt.

Die passenden Spiele werden entweder auf Steckmodulen, den sogenannten Cartridges, angeboten, oder bei den meisten der neuen Gerätegeneration auf CD-Scheiben. Dabei sind die Kunden auf die Herstellerfirmen ihrer Konsolen angewiesen. Denn die Systeme sind nicht kompatibel, Spiele von Sony können nicht auf einer Atari-Konsole abgefahren werden. Doch trotz technischer Raffinessen: Neue Inhalte haben Branchenkenner auch bei den dreidimensionalen Spielen nicht ausmachen können. Es überwiegen die üblichen Verfolgungsjagden, Kampf- und Geschicklichkeitsspiele. Die Mehrzahl aller angeboteten Spiele kennt nach wie vor nur ein Ziel, die Zerstörung eines Feindes. In den USA werden für elektronische Spiele nach Marktschätzungen rund zehn Milliarden Dollar jährlich ausgegeben, in Deutschland waren es 1994 rund zwei Milliarden D-Mark.

Immer häufiger laufen Videospiele statt über Konsolen oder TV-Bildschirme über das CD-ROM-Laufwerk auf dem PC. Die CD-ROM und ihre Weiterentwicklung ermöglichen als Massenspeicher hochkomplexe Spiele, die viele Filmsequenzen und Varianten enthalten und eine längere Spieldauer ermöglichen, so daß ein Spiel nicht so schnell ausgereizt wird. Experten rechnen damit, daß der vielseitig einsetzbare Multimedia-PC die Spielkonsole auf Dauer verdrängt, zumal die Mehrzahl der Nutzer nicht bereit ist, ihre Konsolen ständig auszutauschen. Beim PC ist eine Nachrüstung sehr viel einfacher und oft auch billiger.

Spielhallen, die die jeweils neuesten Techniken eher finanzieren können, bieten ebenfalls die Chance, Telespiele zu nutzen. Doch das Fernziel der Unterhaltungs-

Virtual Reality

Dem Nutzer wird durch Technik vorgespiegelt, er könne in die künstliche Welt des Computers, den Cyber Space, eintreten und sich in ihr bewegen. Mit Hilfe eines Datenhelms, der den optischen, akustischen und sensorischen Raumeindruck vermittelt, taucht man in den Cyber-Space ein. Augen- und Kopfbewegungen werden simultan zum Computer übertragen und dort umgesetzt. Über einen Datenhandschuh können auch Arm- und Handbewegungen abgebildet werden. Die jüngsten Versuche gehen sogar so weit, sämtliche menschliche Regungen mit Hilfe von Daten-Anzügen (Data-Suits) in die künstliche Welt zu übertragen. Die Folge: Die Grenzen zwischen Realität und Cyber-Space werden aufgehoben. Der Spieler hat das Gefühl, das erlebte Abenteuer finde nicht im Computer, sondern in seinem Zimmer statt, und er selbst befände sich mittendrin.

Industrie geht über solche Einrichtungen weit hinaus: Sie plant ein globales Vergnügungs-Utopia. Wie so etwas einmal aussehen könnte, zeigt der High-Tech-Vergnügungspark Joypolis in Japan, den Sega für 70 Millionen D-Mark eingerichtet hat: Hohe Eintrittspreise und zahllose elektronische Spielmöglichkeiten, die jeweils extra bezahlt werden müssen, lassen einen Nachmittag für eine vierköpfige Familie schnell 200 D-Mark und mehr kosten. Weltweit sind 100 solcher Spielcenters geplant.

Virtual-Reality-Spiele

Die höhere Prozessorleistung und größere Speicherkapazität von Konsolen und CD-ROM bieten die Möglichkeit dreidimensionaler Darstellungen. *Virtual Reality* soll in die Kinder- und zweckentfremdeten Arbeitszimmer Einzug halten. Künstliche Welten werden räumlich erleb- und beeinflußbar. Dreidimensionale Animationen können inzwischen in Echtzeit erzeugt werden, so daß man – bei circa 30 Bildern pro Sekunde – den Eindruck fließender Bewegungen erhält. Außerdem werden Filmsequenzen verwendet – ein aktueller Spieletrend aus Hollywood. Dabei werden Filmausschnitte und Musik in einem Abenteuerspiel zu räumlichen, täuschend echten Simulationen zusammengesetzt, in die der Spieler selbst eingreifen kann.

Erleben kann man die künstlichen Welten durch 3D-Brillen oder durch Datenhelme mit dreidimensionalem Display; passender, naturgetreuer Klang gehört selbstverständlich mit dazu. Die astronomischen Preise für diese Zukunftstechnologien beginnen auf ein Niveau zu fallen, das es auch Otto Normalverbraucher ermöglichen soll, an dem »digitalen Psychotrip« teilzuhaben, den Anfang der neunziger Jahre der Science-Fiction-Autor William Gibson erstmals beschrieben hat. Virtual Reality soll nach Einschätzung der Computer- und Unterhaltungsindustrie einmal zu einem neuen Massenmarkt werden und sogar den gerade erst entstehenden Multimedia-Trend überholen. Derzeit geht der Computer-Discounter Escom mit 3D-Brillen samt Software und Bewegungsmelder für knapp 2.000 D-Mark auf den Markt; mittelfristig sollen die Preise auf wenige hundert Mark fallen.

Wie sinnvoll, notwendig und nutzbringend diese künstlichen und teuren Erlebniswelten sein werden, danach fragt in der Spielebranche kaum jemand. Im Jahr 1999, so eine Marktanalyse, sollen Kunden rund 450 Millionen Dollar für ihre Virtual-Reality-Abenteuer ausgeben. Außer für Spiele soll die dreidimensionale Darstellung auch für neue, einfach und intuitiv zu bedienende Benutzeroberflächen am PC eingesetzt werden. Ursprünglich wurde diese Technologie vom Militär und der Flugzeugindustrie zur Simulation von Einsätzen genutzt. Verwendung findet Virtual Reality bei der Entwicklung von Produkten in der Architektur, in der Medizin und in der Forschung. In der Entwicklung sind bereits 3D-Bildschirme, die nach dem Prinzip der Holographie ohne Brille funktionieren.

Online-Spiele: Internet und TV

Um den hart umkämpften elektronischen Spielemarkt auszuweiten, setzen die Spielehersteller auf Allianzen mit Elektronikfirmen, Medienunternehmen, Filmstudios und TV-Sendern. Mit eigenen Telespiel-Kanälen wollen sie die Info-Highway bevölkern. Im Internet werden bereits weltweit Telespiel-Wettkämpfe ausgetragen. Dazu meldet man sich bei einem Spielserver, einer Art Schiedsrichter und Moderator, an und spielt übers Netz mit anderen Teilnehmern. Unterhaltsamer und kommunikativer dürfte es sein, wenn solche Wettkämpfe, wie in den USA schon üblich, zwischen Spielzentren ausgetragen werden, wo mehrere Mannschaften die Konsolen bedienen und über eine große Leinwand zusammengeschaltet sind.

Auch für das Internet wird bereits Software für Virtual-Reality-Anwendungen entwickelt. Im Mai 1995 hat Silicon Graphics, eine Entwicklungsfirma für hochleistungsfähige Computerprogramme, die erste Version eines 3D-Datenstandards präsentiert. Wer seinen PC damit erweitert, wird künftig seine Spiel- und Gesprächspartner im Daten-Universum treffen und ferne Länder per Tastendruck besuchen können. Der erste 3D-Treffpunkt im Netz wurde bereits eingerichtet.

Das Internet ist ebenso wie kommerzielle Online-Netze beliebt als Vertriebsweg für Telespiele. Man kann sie auf den eigenen PC laden; entweder zum Ausprobieren, das Spiel wird dann nur teilweise zur Verfügung gestellt oder löscht sich nach einer gewissen Zeit, oder gegen Bezahlung und zum Behalten.

Angesichts dieser Entwicklung ging der japanische Spielekonzern Sega 1994 in die Offensive: Gemeinsam mit dem Telefonriesen AT&T bietet er ein kleines Kästchen namens »Edge 16« an, das seine Spielekonsolen über das normale Telefonnetz miteinander verbindet. Andere Spielehersteller folgten, Nintendo brachte ein Videogame-Modem auf den Markt, über das Spieler ein eigenes Netz bilden, E-Mails oder News verschicken oder abrufen. Durch Allianzen mit Telekom-Unternehmen erschließen sich die Spieleproduzenten neue Vertriebswege, sie erreichen interessierte Haushalte unter Umgehung des Handels.

Das Fernsehen mit seiner breitbandigen Info-Highway-Fahrspur ist für die Videospiel-Produzenten eine neue Herausforderung. In den USA und Japan ist der Sega-Channel schon Realität, in Deutschland klopfen seine Verantwortlichen an die Türen der Zulassungsbehörden. Telespielkanäle gelten als wichtiges Zugpferd bei der Entwicklung des digitalen Fernsehmarktes. Sie gehören zum geplanten Angebotspaket aller Multimedia-Pilotprojekte. Im deutschen Fernsehen wurden mit pseudo-interaktiven Sendungen wie der Hugo-Show im Kabelkanal erst kleine Schritte in diese Richtung unternommen: Hier können die Zuschauer nicht wirklich aktiv eingreifen, sondern über die Telefontastatur Figuren lediglich in bestimmte Richtungen bewegen. Das ist erst der Anfang auf dem Weg, interaktive Telespiele auch ins normale Fernsehprogramm zu bringen.

Der interaktive Sega-Channel wird seit Dezember 1994 in US-Kabelhaushalten abgerufen. Das Gemeinschaftsprojekt von Sega, Time Warner, dem größten Medienkonzern der Welt, und TeleCommunications (TCI), dem größten US-amerikanischen Kabelnetzbetreiber, bietet monatlich 50 Spieletitel, Informationen, aber auch Wettbewerbe und Werbung. Der Sega-Channel wirbt für sich auch mit einem Eltern-Paßwort, das Erziehern die Möglichkeit geben soll, Spiele zu sperren oder das Kopieren zu unterbinden. Denn die Folgen des Videospielebooms, der durch die neuen Telespielkanäle noch verstärkt wird, werden kontrovers diskutiert. In den USA verbringen Kinder neuesten Untersuchungen zufolge bereits jetzt mehr Zeit mit Videospielen, TV, Walkman, Radio und CD-Player als mit Freunden oder in der Schule. Die Folgen davon: Vereinsamung von Kindern und Jugendlichen, Flucht in eine bunte Kunstwelt und nicht zuletzt Spielsucht bei Kindern, die wie hypnotisiert stundenlang vor dem Computer sitzen. Besonders negativ wirkt sich das aus, wenn elektronisches Spielzeug als billiges Kindermädchen herhalten muß.

Am stärksten kritisiert wird das Thema Gewalt in Videospielen. Zahllose Telespiele zielen nur darauf ab, den Gegner auszuschalten. Dabei wird mit Laser, Pistolen, Kanonen und Bomben geschossen, es wird gemordet und gemeuchelt. Solche Kampfspiele, häufig auch noch mit sexistischem oder rassistischem Hintergrund, verlangen vom Spieler schnelle Reaktion. Töten und Gewalt wird dadurch zur Strategie, über die nicht lange nachgedacht und die auch im Alltag angewendet wird – nicht nur von Kindern und Jugendlichen. Besonders anfällig für gewaltverherrlichende, extremistische und pornographische Angebote ist das unkontrollierbare Internet. Von dort sind entsprechende Spiele problemlos zu kopieren und über Diskette zu verbreiten. Videospiele, die im Laden für Konsolen angeboten werden, unterliegen dagegen der Kontrolle der Bundesprüfstelle für jugendgefährdende Schriften, die der aktuellen Entwicklung allerdings ständig hinterherhinkt. Ob allerdings Eltern-Paßwörter wie das von Sega Eltern eine wirkliche Kontrolle über die Spielwünsche ihrer Kinder geben kann, ist mehr als fraglich. Zumal die Erziehungsberechtigten, wenn sie denn den Computerkonsum ihres Nachwuchses steuern können, niemals die Inhalte auf dem Internet oder anderen Online-Diensten kennen können.

Dennoch warnen Kritiker davor, wenn Eltern und Erzieher den neuen Medien nur verständnislos und ablehnend entgegentreten. Denn nicht alle Computerspiele verdummen oder führen zu Gewaltbereitschaft. Sie schulen auch die Geschicklichkeit und das Denkvermögen. Große Bedeutung bei der Nutzung von Tele- und Videospielen kommt der Lebenssituation der Kinder zu: Wer sich in Schule und Familie entfalten kann und gefördert wird, wählt Geschicklichkeits- und Denkspiele, wer seine Umwelt als feindlich erlebt und auf sich allein gestellt ist, greift zu Kampf- und Brutalospielen. Nach einer Studie der Fachhochschule Köln ist die Hinwendung zu Telespielen auch altersbedingt: Nachdem Kinder zwischen sieben und zehn Jahren ihre ersten Erfahrungen mit Bildschirmspielen machen, folgt zwischen zehn und vierzehn Jahren die intensivste Spielphase. Danach sollten sie sich bei gesunder Entwicklung wieder anderen Interessen zuwenden. Generell wachsen Kinder heute in einer optisch geprägten Umgebung auf, sie können lernen, mit Telespielen kompetent und verantwortungsvoll umzugehen. Dann haben sie bereits einen wichtigen Schritt zum Erwachsenwerden getan, denn später in der Arbeitswelt wird der Umgang mit der Elektronik sogar zu einer wichtigen Voraussetzung.

6. Telemedizin

Die Elektronik hat seit langem Einzug in die Medizin gehalten. Neu ist die Vernetzung in diesem Bereich: Über Online-Verbindungen sind Ärzte, Kliniken, Labors, Forschungseinrichtungen miteinander verbunden, tauschen Untersuchungsergebnisse oder Patienten-Daten aus, rufen Expertenwissen ab oder organisieren Fortbildungen. Der Einsatz neuer Medien in der Medizin kann für den Patienten schnellere Behandlung, weniger Untersuchungen oder die problemlose Mithilfe von Spezialisten bedeuten. Völlig ungeklärt ist allerding der Datenschutz auf einem solch sensiblen Gebiet.

In acht Projekten wird derzeit in Deutschland der Einsatz der Telemedizin erprobt. Auf Kongressen wurde bereits die Fernsteuerung von Operationsrobotern demonstriert, allerdings am nicht-lebenden Objekt. Ihr Einsatz im Alltag muß noch erforscht und entwickelt werden. Ebenfalls schon in der praktische Erprobung ist Virtual Reality in der Klinik, wenn etwa komplizierte Eingriffe im Computer anhand von Modellen geübt werden, die nach den Patientendaten erstellt wurden. Das Fernziel neuer Techniken in der Medizin ist die virtuelle Reise durch den menschlichen Körper, sei es zur Diagnose oder zur Operation.

Im Berliner Bermed-Projekt wurden zahlreiche Kliniken und Arztpraxen der Stadt miteinander vernetzt. Patientendaten, Krankengeschichten, Arztbriefe, Untersuchungsergebnisse, Laborbefunde oder Rezepte werden in elektronischen Archiven abgelegt und von den behandelnden Ärzten und Krankenhäusern auf Knopfdruck abgerufen. Karteien auf Papier, Röntgenfilme oder Ausdrucke haben dort weitgehend ausgedient. Allein durch den Wegfall von Archivkellern können in einer großen Klinik bis zu zwei Millionen D-Mark im Jahr eingespart werden. Auch niedergelassene Ärzte verringern Kosten für Bürokratie und Organisation. Den Patienten bleiben zeitraubende, schmerzhafte oder riskante Doppeluntersuchungen, lange Wege und Wartezeiten erspart.

An der Universität Stuttgart wurde das Histkom-Projekt ins Leben gerufen, das vor allem bei Tumor- und Krebsoperationen hilfreich sein soll. Während der Patient auf dem OP-Tisch liegt, begutachten spezialisierte

Pathologen per Datenfernübertragung die entnommenen Gewebeschnitte, um über den weiteren Verlauf der Operation zu entscheiden. Die dazu notwendigen Daten und Bilder liefert ein ferngesteuertes Kamera- und Mikroskopsystem. Im Medkom-Projekt sind dagegen 28 Krankenhäuser via ISDN-Leitung mit dem Tumorzentrum in Hannover verbunden, um die Behandlung ihrer Krebspatienten mit Spezialisten abzustimmen. Ähnliche Ansätze verfolgt man rund um das Krebsforschungszentrum in Heidelberg und in dem Bereich der Radiologie in Lübeck und Rostock.

Telemedizin geht auch schon über die Grenzen: Für das europäische Telemed-Projekt wurden das Herzzentrum in Berlin, Universitätskliniken in Heidelberg, Barcelona, Florenz, Pisa, Genf, Montpellier, Lund und Tromsö miteinander verbunden. Videokonferenzen und der digitale Bildtransfer zwischen den Computern ermöglichen den Expertenaustausch zu sehr komplizierten medizinischen Fällen.

Auch das russische Ural-Forschungszentrum für Strahlenmedizin berät sich für die Behandlung von Opfern radioaktiver Verseuchung regelmäßig mit Spezialisten an der Universität Ulm.

Ärzte wie Wissenschaftler hoffen, daß digitale Übertragungssysteme in und aus aller Welt ihre Kenntnisse und Fähigkeiten erweitern und Klinikalltag werden. Die medizinische Konsultation von Ärzten in aller Welt soll auch für Patienten keine Utopie bleiben. Neue Diagnose- und Therapieverfahren, die an einem Krankenhaus entwickelt worden sind, können leichter und schneller in andere Kliniken transferiert werden. Die Videoübertragung von Operationstechniken, wobei Ärzte ihren Kollegen und Spezialisten gewissermaßen über die Schulter schauen können, ohne lange Wege in Kauf nehmen zu müssen, wird bei medizinischen Kongressen bereits praktiziert. Die neuen Techniken sollen helfen, Kosten zu senken und gleichzeitig den Standard der medizinischen Versorgung zu verbessern. Diagnosen und Behandlung sollen optimiert, teuere Mehrfachdiagnosen vermieden, Warte- und Behandlungszeiten verkürzt werden. Das Stadt-Land-Gefälle könnte sich ausgleichen, wenn der Spezialist im Ballungszentrum online den Kollegen auf dem flachen Land unterstützen kann. Das Ziel der Telemedizin ist daher die Vernetzung aller rund 110.000 niedergelassenen Ärzte, 18.000 Apotheken, 3.000 Klinken, 1.500 Radiologen und 300 Labors in Deutschland, die ihre medizinischen Daten künftig via Information-Highway austauschen sollen. Das kostet allerdings Millionen, denn Praxen und Krankenhäuser müssen mit leistungsfähigen Computeranlagen und der notwendigen Software ausgerüstet werden.

In dieses medizinische Datennetz sollen auch die Krankenkassen einbezogen werden. Ab 1996 sind Ärzte, Apotheker und Kliniken verpflichtet, ihre Abrechnungsunterlagen in elektronisch lesbarer Form an die zuständigen Niederlassungen zu übermitteln. Noch geschieht dies in Form von Disketten, es soll aber künftig – nach einer notwendigen, bereits angekündigten Gesetzesänderung – online erfolgen. Dazu kommt eine eigene Software namens Spirit auf den Markt, die 1995 mit 400 Arztpraxen in Nordwürttemberg getestet worden ist.

Hier taucht jedoch wieder das vieldiskutierte Problem der Datensicherheit auf. Sie kann bislang nicht gewährleistet werden. Hochsensible Daten wie Krankengeschichten, Medikamentenverordnungen und Behandlungspläne müssen zuverlässig vor unbefugtem Zugriff geschützt sein, wenn sie übers Netz geschickt werden. Verschlüsselung, Codenummern und ähnliche Verfahren reichen nicht aus, da sie von Computerkennern schnell geknackt werden können. Kritiker befürchten, daß durch die neuen Techniken nicht nur der gläserne Patient, sondern auch der gläserne Arzt geschaffen wird: Krankenkassen können durch die elektronische Erfassung aller Daten und Behandlungen problemlos für jeden Versicherten ein individuelles Leistungskonto und seinen medizinischen Lebenslauf erstellen, andererseits können die Diagnose- und Therapiegepflogenheiten der Mediziner überprüft, ihre Behandlungsweise auf Effizienz hin kontrolliert werden. Nicht auszudenken wäre der Schaden, wenn diese medizinischen Daten Unberechtigten zugänglich würden – Versicherungen etwa, Arbeitgebern oder der Pharmaindustrie.

Die Datenschützer auf den Plan gerufen hat auch die geplante Offline-Speicherung von Patientendaten auf Chipkarten, wie sie in eingeschränkter Form bereits als Krankenscheinersatz im Umlauf sind. Es muß technisch sichergestellt werden, daß die darauf gespeicherten Informationen nur von autorisierten Benutzergruppen abgerufen werden können. Krankenkassen dürfen zwar die erbrachten Leistungen zur Abrechnung ablesen, nicht aber Diagnosen oder Krankengeschichten. Auch für Arbeitgeber sind die medizinischen Daten eines Mitarbeiters oder eines Bewerbers Tabu. Jeder Patient muß schließlich wissen, was auf seiner Codekarte gespeichert ist und darüber mitentscheiden können. Ganz offensichtlich stehen diese berechtigten Einwände von Datenschützern und Betroffenen den geschilderten Visionen der modernen Telemedizin entgegen. Auch Patientendaten, die Ärzte und Klinken online untereinander austauschen, müßten sehr viel strenger gesichert werden als dies bisher geschieht, vor allem, wenn diese Tranfers künftig im größeren Stil ablaufen und zur Regel werden.

Die neuen Online-Dienste haben ebenfalls die Mediziner im Visier. Sowohl der Burda-Verlag als auch Bertelsmann, in Kooperation mit dem wissenschaftlichen Springer-Verlag, wollen ab 1996 mit Gesundheitsdiensten ins Netz gehen. Forschungseinrichtungen und Praktiker werden Zugriff haben auf medizinische Datenbanken, Medikamentenverzeichnisse, Notfallservices, die neuesten Therapieerkenntnisse oder Forschungsergebnisse. Ergänzt werden sollen die aktuellen Informationen durch Nachschlagewerke auf CD-ROM.

Auch Laien können sich künftig online über medizinische Themen informieren. Die Bertelsmann-Springer-Kooperation wird neben dem Multi-Medica-Dienst für professionelle Nutzer das Angebot Lifeline für all die Menschen ins Netz stellen, die am Thema Gesundheit und Fitness interessiert sind.

VIII. Wegweiser: neue Werbeformen

Wer in Zukunft einen Safari-Urlaub in Afrika buchen will, der könnte sich in folgendem Szenario wiederfinden: Im Online-Reisebüro werden vom heimischen PC aus Flug und Hotel gebucht, das per Video inspiziert wird. Ein kleiner Film stimmt auf die Abenteuer im Safari-Park ein. So weit, so praktisch. Doch kurz darauf trudeln auf dem PC auch unaufgeforderte Botschaften ein: Ein Internet-Kaufhaus bietet Safarihüte an, ein Sicherheitsdienst erkundigt sich, wer auf das verwaiste Haus aufpassen wird, eine Versicherung schickt Angebote zum Auslandskrankenschutz. Da An- und Abfragen von Diensten im Netz nicht anonym sind, haben Werbefirmen den Online-Nutzer voll im Griff.

Über die neue Werbewelt wird allerdings derzeit noch mehr diskutiert, als daß sie sich in der Praxis wiederfände. Multimedia eröffnet auch in diesem Bereich neue, phantasievolle Gestaltungsmöglichkeiten. Das ist die positive Seite: Die Wechselwirkung zwischen Sender und Empfänger macht Werbung zur Dienstleistung und erstmals zum Dialog zwischen Werbenden und Beworbenen. Die negative Seite ist vergleichbar mit den heutigen Werbeauswüchsen: zu viel, zu unübersichtlich, unbekömmlich für bestimmte Zielgruppen, beispielsweise Kinder.

Sicher ist schon jetzt: Auch auf das Fernsehen, für Markenartikel das wichtigste Werbemedium, kommen entscheidende Veränderungen zu. Wenn die Prognosen zutreffen, dann wird es Fernsehen in seiner heutigen Form in einigen Jahren nicht mehr geben. Die Digitalisierung wird die TV-Angebote vervielfachen, fraglich ist, ob dabei die Qualität nicht zu kurz kommt. Damit wird Umschalten oder Abschalten zum Prinzip, der TV-Konsument stellt künftig sein abendliches Fernsehmenü aus zahlreichen Kanälen oder aus einer virtuellen Videothek selbst zusammen. Einzige Orientierung in dieser Bilder- und Senderflut werden elektronische Programmführer (on-screen-guides) sein.

Wenn sich das Publikum auf immer mehr Kanäle verteilt, sind immer mehr Werbespots notwendig, um eine ausreichend große Zahl von Zuschauern mit der Werbebotschaft zu erreichen. Schon heute umgehen die Zuschauer zahlreiche Spots, die zwischen einzelnen Sendungen plaziert werden, durch Umschalten. Einziger Unterschied in der Zukunft: Der Wechsel von einem Programm zum nächsten wird nicht mehr per Fernbedienung vorgenommen, sondern kann via Settop-Box bequem vorprogrammiert werden. Video-on-Demand-Dienste lassen den Zuschauer feste Programmabläufe vergessen, er holt sich Filme oder Nachrichten dann auf den Bildschirm, wenn es ihm paßt. Bei Angeboten, die in der Settop-Box zwischengespeichert werden, lassen sich mit der eingebauten Videorecorderfunktion Werbespots im Vorlauf ausblenden.

Noch entscheidender für die Werber wird der bevorstehende Wechsel von rein werbefinanzierten Programmen zu Pay-TV-Angeboten sein. Nur für anspruchsvolle Angebote, sogenannte Premium-Kanäle, wird künftig mit Werbefreiheit geworben werden. Alle anderen TV-Angebote müssen sich nicht nur durch Abonnementgebühren, sondern auch durch Werbung finanzieren. In solchen Zielgruppenprogrammen ist Werbung für passende Produkte mit sehr viel weniger Streuverlust möglich: Für die Laufschuhe wird dann im Sportkanal, für Babynahrung im Frauenprogramm, für die Luxuskarosse oder die Kreditkarte im Business-Channel Reklame gemacht.

Die Branche geht davon aus, daß der Zuschauer zwar die Wahlfreiheit der Pay-TV-Angebote schätzen lernt, daß er aber nicht besonders gerne viel dafür bezahlt. Daher plant sie Angebote, die abgerufene Filme günstiger machen oder gar nichts kosten, wenn sie inklusive

Werbung gebucht werden. Der Getränkekonzern Coca Cola, Sponsor der Olympiade, will beispielsweise die Pay-per-View-Übertragung der Spiele im Jahr 2004 kostenlos für all diejenigen übertragen, die fünf Coke-Spots pro Sendung akzeptieren und ihre Anwesenheit am Ende jeden Spots durch eine Abstimmung bestätigen.

Die Werbebranche wird sich also eine Menge einfallen lassen müssen, um Fernsehzuschauer künftig bei der Stange zu halten. Doch für Werbung in Online-Diensten reichen Tricks nicht aus, hier muß kreativ gedacht werden. Zwar lassen sich einzelne Nutzer wie im Safari-Beispiel per E-Mail direkt ansprechen. Doch mit allgemeinen Werbebotschaften kann man Online-Nutzer nicht einfach ungefragt konfrontieren – wie das im Fernsehen üblich ist. Sie surfen aktiv im Netz, suchen aus dem riesigen Angebot von Daten gezielt aus und vor allem, sie zahlen für die Online-Nutzung – zumindest die Telefongebühren. Sie müssen folglich dazu animiert werden, Werbung aufzunehmen. Das bekannte Muster kehrt sich um: Der Kunde, nicht der Anbieter entscheidet darüber, wann, wie lange und wie intensiv er sich mit Reklame beschäftigen will. Werbebotschaften sollten einen Zusatznutzen erbringen, damit sie überhaupt aufgerufen werden. Ein besonders beliebtes Mittel dazu sind Preisausschreiben. Multimedia-Werbung muß auf Dialog setzen. Der Kunde kann Informationen abrufen, aber auch eigene Wünsche, Vorstellungen, Anregungen äußern. Diese auch zu beantworten, darauf müssen die werbenden Unternehmen jedoch eingestellt sein. Schließlich gewinnen sie Kundendaten. Jeder Zugriff auf eine Werbeseite inklusive der Verweildauer läßt sich messen und registrieren; diese Erfolgskontrolle kann verbunden werden mit einer ständigen Aktualisierung und Verbesserung der Werbeseite.

Online-Werbung steckt noch in den Kinderschuhen. Zwar klagen Internet-Nutzer über die zunehmende

Kommerzialisierung des Netzes und die dort plazierte wilde Werbung, die unaufgefordert beim Netz-Surfen auf den Bildschirmen erscheint. Doch legendär ist auch die Reaktion der Internet-Freaks auf die Eigenwerbung einer US-Anwaltskanzlei, die ungefragt in hunderten von News-Gruppen Hinweise auf ihr Leistungsangebot plaziert hatte: Sie schütteten den Computer der Kanzlei mit Protest-E-Mails zu und legten ihn lahm. Ganz ähnlich könnten sie sich im übrigen auch gegen unliebsame Datenanbieter, etwa Rechtsradikale oder Sexisten, wehren.

Selbst die kommerziellen Online-Dienste fangen gerade erst an, Werbung in ihren Angeboten zu ermöglichen. In der Regel geschieht dies durch ein Firmen- oder Markenlogo, das meist am oberen oder unteren Bildschirmrand plaziert ist. Erst wenn es angeklickt wird, öffnen sich die dazugehörigen Seiten mit der Werbebotschaft. Die US-Automarke Chrysler hat ein solches Konzept erfolgreich ausprobiert: Das Logo wurde in einer Wetter-Seite eingeblendet. Auf diesem Weg landeten per Mausklick 60.000 Anfragen bei der Firma. Im Vergleich dazu fühlten sich auf dem herkömmlichen Werbeweg, der eine kostenlose Telefonleitung zur Prospektbestellung anpries, nur 35.000 potentielle Kunden angesprochen.

Ein technischer Hinderungsgrund für Werbung im Netz sind die noch niedrigen Datenübertragungsraten, die Bilder oder gar Filme viel zu langsam auf die Monitore bringen. Eine Multimedia-Darstellung ist dadurch beschränkt, auch die Interaktivitäts-Möglichkeiten werden selten ausgeschöpft – Online-Werbung ist häufig eher langweilig und textlastig. Anders sieht dies beim Einsatz von Speichermedien wie CD-ROM oder CD-I aus. Auf den silbernen Scheiben toben sich schon heute die Kreativen aus, und es ist geradezu chic geworden, auf diese Art und Weise Selbstdarstellung und Markting zu betreiben.

Vorreiter dieser Reklameart waren Automobilhersteller, die so ihre Neuheiten auf den PC-Bildschirmen vorstellten, simulierte Probefahrt inklusive und selbstverständlich mit der Möglichkeit, sich sein Wunschmodell in verschiedenen Farben und Ausstattungen zusammenzustellen. Auch Agenturen greifen zunehmend auf die CD-ROM zurück, um ihre Serviceleistungen und Ideen zu präsentieren. Die Versandhäuser Quelle und Otto waren die ersten, die kiloschwere Kataloginformationen auf wenige, flache Quadratzentimeter zusammengepreßt unters Volk brachten.

Da die Entwicklung und Herstellung einer aufwendigen CD-ROM gegenwärtig bei einer Viertel bis zwei Millionen D-Mark liegt, bringt diese Art der Selbstdarstellung kaum mehr als Prestigegewinn. Sie gilt als Investition in die Zukunft. Sie wird ein Zusammenfließen von Offline- und Online-Werbeformen bringen, die in einigen Jahren im interaktiven Fernsehen mit seinen größeren Möglichkeiten münden werden. Noch ist die Reichweite interaktiver Werbung auf diejenigen beschränkt, die sich die neue Technik leisten und sie nutzen können – auch wenn dies die begehrte Zielgruppe der Gutsituierten und Gebildeten ist.

Die MediaGruppe München, ein Vermarkter von Fernsehwerbung, sieht den klassischen Werbemarkt durch Online und Multimedia nicht gefährdet. Basiskampagnen müssen über Massen-, nicht über Individualmedien laufen; dabei können sie auf die interaktiven Online-Angebote hinweisen, die den Werbekuchen insgesamt vergrößern. Doch neue Werbeformen kündigen sich an:

- Advertainment ist die Mischung aus Werbung *(Advertisement)* und Unterhaltung *(Entertainment)*. So kann man über Mastercard in den USA die aktuellen Football-Ergebnisse abrufen, Sony bietet ein Michael-

Jackson-Video, das in Arbeitspausen automatisch auf dem Bildschirm abläuft.

- Infotisement heißt die Mischung aus Information und Werbung (Advertisement), die vor allem für erklärungsbedürftige Produkte und Dienstleistungen eingesetzt wird.
- Benefit-Advertising ist die Werbebotschaft mit Zusatznutzen *(Benefit)*; wenn Soßen-Hersteller Kochrezepte oder einen Italienisch-Sprachkurs mit ihrer Werbung anbieten. In absehbarer Zeit könnte der Drucker auch einen Einkaufsgutschein ausspucken.

Eine sehr aufwendige Variante für Multimedia-Werbung stellen Videospiele dar. Doch nur wenn sie in Aufmachung, technischem Standard und Spielspaß teuren, kommerziellen Spielen entsprechen, haben sie bei ihrer Zielgruppe, den jüngeren Konsumenten, eine Chance. Die Entwicklungskosten reichen von 100.000 bis zu einer Million D-Mark. VW, Bausparkassen und sogar die CDU haben versucht, sich auf diesem Weg ein positives Image aufzubauen. Fachleute warnen, daß dieser Zweck nur bei niedriger Werbekonfrontation erreicht wird.

IX. Recht und Gesetz auf der Information-Highway

Bei aller Euphorie und Aufbruchstimung: Ohne Gesetze, das zeigen aktuelle Auswüche, werden die weltumspannenden Datennetze nicht auskommen. Vordringlich sind die Probleme mit politischem Extremismus und mit Pornographie. Viele Nutzer lehnen gesetzliche Regeln ab, andere, auch aus der Computerbranche selbst, setzen auf freiwillige Selbstkontrolle. Da Datennetze keine Grenzen kennen, können staatliche Richtlinien das Problem nicht lösen. Deshalb wurde bereits die UNO als mögliche Regulierungsinstitution ins Gespräch gebracht.

1. Schutz vor unerwünschten Inhalten

In den USA hat sich inzwischen der Senat des Themas Pornographie im Netz angenommen und einen umfangreichen Jugendschutz eingefordert. Bei einem Hearing im Sommer 1995 machte folgende Geschichte die Runde: Die 15jährige Donelle wurde bei einem Internet-Talk von einem Gesprächspartner namens Bill in seine elektronischen Privatgemächer eingeladen. Dort mußte sie zuerst ihre Adresse abgeben. Nach ein paar Tagen kam Bill zur Sache: Er wollte wissen, ob Sie ihre Beine rasiere und welche Größe ihr BH habe; dann folgte ein eindeutiges Angebot. Ein paar Tage später saß er vor ihrer Haustür und wartete auf sie. Donelles Mutter rief die Polizei.

Eine Vorlage der Demokraten sieht vor, daß die Verbreitung von Pornographie in Computernetzen, die Kindern zugänglich sind, in den USA verboten wird. Bei Verstößen sollen Gefängnisstrafen bis zu zwei Jahren möglich sein. Doch der Entwurf unterscheidet nicht zwischen harter Pornographie und dem anzüglichen Gerede, wie es in zahllosen Chat Rooms praktiziert wird. Manch einer sieht daher das Recht auf freie Meinungsäußerung beeinträchtigt. In der Diskussion ist eine eigene Software, mit der Eltern angeblich ihre Kinder vor nicht einwandfreiem Material schützen, ähnlich dem TV-Chip, mit dem man den Zugang zu Gewaltszenen im Fernsehprogramm sperren will. Ob dies jedoch junge Computerfreaks, die ihren Eltern in der Handhabung des PCs oft überlegen sind, tatsächlich von unerwünschten Daten abhält, sei dahingestellt.

Eine 1995 eingerichtete Arbeitsgruppe der Münchner Kriminalpolizei hat in nur acht Monaten bei rund 250 Überprüfungen von Mailboxen und Datendiensten eine erschreckende Negativ-Ernte eingefahren: In 51 Fällen entdeckten sie pornographische Bilder und Texte – besonders verbreitet ist Sex mit Kindern – sowie verbotene Computerspiele. 13mal stießen sie auf verfassungs- und fremdenfeindliches Material, in neun anderen Fällen erhärtete sich der Verdacht auf Wirtschaftskriminalität. Für weltweites Aufsehen sorgte daraufhin zum Jahreswechsel 1995/96 eine Aktion der Münchner Staatsanwaltschaft, die gegen Compuserve und wenige Wochen danach auch gegen Amerika Online wegen der Verbreitung von Pornographie aktiv wurde. Dabei ging es nicht etwa um Datenbanken, die die beiden Online-Dienste selbst ins Netz gestellt hatten, sondern um Material, das sich in Internet-Foren fand, die über den Compuserve-Zugang zum internationalen Netz erreichbar waren. Compuserve sperrte daraufhin vorübergehend für deutsche Nutzer den Zugang zu rund 200 Internet-Foren – die allerdings über andere Wege weiterhin angewählt werden konnten. Ein ziemlich nutzloses Vorgehen also, das zu weltweiten Protesten gegen Zensur im Internet führte und außerdem auch Online-Angebote traf, die sich nicht mit pornographischen Inhalten beschäftigten. Das Beispiel zeigte eindrucksvoll, wie wenig Kontrollen oder Regeln ausrichten können und wie sehr die Verantwortung eines jeden gefragt ist.

Auch in anderen Städten und Ländern gehen Polizeibeamte via PC und Modem auf Pornohändler- sowie Extremistenfang. Bekannt ist, daß sich vor allem die rechtsextreme Szene via Internet austauscht und sich international sehr aktiv im Datenstrom bewegt. Doch ohne massiven Einsatz von Computerspezialisten und internationale Koordinierung dürfte der Effekt angesichts von 40 Millionen Internet-Usern gering ausfallen.

2. Daten- und Verbraucherschutz

Wer Online- oder Pay-TV-Dienste nutzt, hinterläßt zwangsläufig Spuren. Schließlich wird nicht zuletzt für die Abrechnung registriert, welche Programme man sich auf den PC oder das TV-Gerät holt, welche Produkte und Dienstleistungen man bestellt, wie oft man sich in welche Datenbanken oder Sender einklinkt. Auch über E-Mail, Diskussionsforen, freiwillig ausgefüllte Fragebogen und Wettbewerbe lassen sich die Absender der Bildschirmmitteilungen feststellen. Behörden speichern Daten und geben sie online weiter, beispielsweise Arbeitsämter, Krankenkassen, Sozial- und Finanzämter sowie Versicherungen. Die Gefahr, die kritische Nutzer und Datenschützer immer deutlicher und zurecht an die Wand malen: Automatisch entstehen Nutzungsprofile, die nicht sofort nach Beendigung der Kundenbeziehung wieder gelöscht werden müssen. Und wenn irgendjemand genügend kriminelle Energie aufbringt, kann er aus diesen verschiedenen Spuren den gläsernen Bürger oder Verbraucher rekonstruieren.

Nicht nur in Deutschland müssen daher bestehende Gesetze an die neue, digitale Medienwelt angepaßt werden. Datenschutzregelungen müssen auch für Bild- und Tondaten gelten. Der Online-Kunde braucht einen Vertrauensschutz, damit seine Einkaufs- oder Bestelldaten nicht ohne seine Zustimmung beliebig weitergegeben werden dürfen. Nach einem bestimmten, möglichst kurzen Zeitraum sollten sie gelöscht werden müssen. Gefordert ist ein Daten-Selbstbestimmungsrecht des Bürgers, der jederzeit nicht nur darüber informiert werden muß, was wo von wem über ihn gespeichert ist, sondern auch aktiv mitbestimmen soll, welche seiner Daten gehortet und verwendet werden dürfen. Doch das sind wohl, wie schon die Übertritte bestehender Datenschutz-Gesetze zeigen, wenig mehr als fromme Wünsche.

Im weitverzweigten Kommunikationsnetz können auch Unberechtigte Daten anzapfen. Jeder Computerexperte oder Hacker kann sich in Übertragungswege und in online geschaltete Computer einklinken. Daher plädieren Datenschutzbeauftragte für den möglichst häufigen Einsatz anonymer Verfahren: So können für Pay-TV-Abrufe vorher bezahlte oder wieder aufgeladene Smart-Cards, eingesetzt werden, so daß keine Rückschlüsse auf den Besteller mehr möglich sind. Auch der Einsatz von digitalem Geld statt von Kreditkarten zielt in Richtung Anonymität. Vor allem für den anwachsenden Homeshopping-Bereich sind neue, grenzüberschreitende Gesetze zum Schutz der Verbraucher wie Rückgaberecht oder Produkthaftung notwendig.

3. Urheberrecht

Bislang erhält ein Text- oder Filmautor, ein Musiker oder Fotograf eine vertraglich festgelegte Vergütung für jede zusätzliche Nutzung oder Weiterverwendung seines Werks. Dies betrifft bisher den Druck-, Hörfunk-, Fernseh- und Filmbereich. Das Einspeisen in Datennetze oder die Verwendung von Texten, Fotos, Musik oder Filmen auf Datenspeichern wie CD-ROM ist bislang nicht erfaßt, ebensowenig die beliebige Vervielfältigung auf

TV-Kanälen, beispielsweise bei Near-Video-on-Demand, oder der individuelle Abruf. Diese neuen Nutzungsrechte, so nicht nur die Forderung von Gewerkschaften, müssen von Verlagen oder Sendern zusätzlich bezahlt oder aber vom Nutzer abgerechnet werden. Entsprechende Verträge und gesetzliche Grundlagen gibt es aber noch nicht. Das Urheberrecht, das Vereinbarungen auf nationaler und internationaler Ebene vorsieht, muß daher dringend um multimediale Anwendungen und die digitale Reproduzierbarkeit erweitert werden.

Noch komplizierter liegen die Dinge, wenn Inhalte eines Autors von anderen weiterverwendet und weiterverarbeitet werden. Theoretisch kann jeder Internet-Nutzer Texte, die er sich heruntergeladen hat, verändern, ergänzen oder verfälschen und weitergeben. Der Autor hat nach der Online-Veröffentlichung keine Kontrolle mehr über die Authentizität seines Werks. Zum Schutz gibt es daher spezielle Chiffriersoftware, die allerdings relativ kompliziert zu handhaben ist und sich noch nicht etabliert hat. Ähnliche Probleme werfen auch Multimedia-Produkte und Programme auf, so daß die Entwicklung von intelligentem Kopierschutz und von Verschlüsselungssystemen bei Software-Produzenten und Providern obenan steht, um die Millionenverluste durch Piraterie in diesem Bereich zumindest zu reduzieren. Der Medienkonzern Bertelsmann plädiert beispielsweise für eine unabhängige europäische Kontrollinstanz zur Überwachung von Datenschutz- und Datensicherungsvorgaben.

Ohne internationale Allianzen, die Recht und Gesetz in den Netzen regeln, dürfte es in einigen Jahren nicht nur zu Staus, sondern auch zu chaotischen und gefährlichen Verkehrsverhältnissen auf der Information-Highway kommen. Das Ziel im anbrechenden Informationszeitalter ist es schließlich, daß möglichst viele Menschen das weltweite Wissen im positiven Sinne online für sich nutzen können.

Weiterführende Literatur

Behrens, Bolke: Gesunde Skepsis. (Siehe Informationsgesellschaft Teil II.) In: Wirtschaftswoche 49 (1995).

Brauner, Josef; Bickmann, Roland: Die multimediale Gesellschaft. Frankfurt a.M. 1994.

Eicke, Ulrich: Information-Highway – Kultur-Revolution oder mediale Geisterbahn? In: Psychologie heute (Mai 1995).

Hege, Hans: Offene Wege in die digitale Zukunft: Überlegungen zur Fortentwicklung des Medienrechts. Schriftenreihe der Medienanstalt Berlin-Brandenburg. Berlin 1995.

Hoffmann-Riem, Wolfgang; Engel, Christoph (Hrsg.): Perspektiven der Informationsgesellschaft. Baden-Baden 1995.

Kubicek, Herbert: Informationsgesellschaft – wenn schon, dann für alle. In: Computer Nr. 7/8 (1995).

Kübler, Hans-Dieter: Informationsgesellschaft im Trend – aber in welchem? Ein nüchterner Blick auf den Alltag der schönen neuen Medienwelt. In: Medien praktisch 19 (1995).

Mandl, Heinz: Bildung im Informationszeitalter. In: Politische Studien 46 (1995).

Mikos, Lothar: Interaktivität und Multimedia – eine medienpädagogische Herausforderung. In: Medien praktisch 19 (1995).

Negroponte, Nicholas: Total digital. Die Welt zwischen 0 und 1 oder Die Zukunft der Kommunikation. München 1995.

Ridder, Christa-Maria: Teleshopping – elektronisches Versandhaus oder Fernsehprogramm? Eine Analyse nationaler und internationaler Entwicklungen. In: Media Perspektiven Nr. 9 (1995).

Röper, Horst: Blüten-Träume. Medien im Multi-Fieber. In: Journalist 45 (1995).

Schell, Fred; Schorb, Bernd; Palme, Hans-Jürgen (Hrsg.): Jugend auf der Datenautobahn. München 1995.

Schrape, Klaus: Digitales Fernsehen: Marktchancen und ordnungspolitischer Regelungsbedarf. München 1995.

Sinn, Dieter K.: Auf der multimedialen Datenautobahn in den Cyberspace. In: Computer Nr. 7/8 (1995).

Thielemann, Edgar: Nichts ist geregelt. In: Journalist 45 (1995).

van Haaren, Kurt; Hensche, Detlef: Multimedia – Die schöne neue Welt auf dem Prüfstand. Hamburg 1995.

Wriedt, Henning: Die Informationslawine rollt. Das Internet: Marktpotential, Dienste, Kosten. In: Net 49 (1995).

Stichwortregister

Verzeichnis der Grafiken und Tabellen